कृष्णकांत का वसीयतनामा

बंकिमचंद्र चट्टोपाध्याय

प्रभाकर प्रकाशन

HB ISBN: 978-93-67931-69-1
ISBN: 978-93-67932-40-7
eISBN: 978-93-67930-04-5

प्रकाशकः प्रभाकर प्रकाशन
प्लॉट नं.-63, प्रथम तल, मेन मदर डेयरी रोड
पांडव नगर, ईस्ट दिल्ली-110092
फोनः 011-40395855
व्हाट्स ऐपः +91 9319228272
ई-मेलः booksprabhakar@gmail.com
वेबसाइटः www.prabhakarprakashan.com

प्रथम संस्करणः 2025

कृष्णकांत का वसीयतनामा
बंकिमचंद्र चट्टोपाध्याय

अनुक्रम

पहला खण्ड

पहला परिच्छेद

हरिद्रा गाँव में एक घर बहुत बड़े जमींदार का था। उन जमींदार साहब का नाम कृष्णकान्त राय है। कृष्णकान्त राय बहुत बड़े धनी हैं, उनकी जमींदारी की आय कोई दो लाख रुपये है। यह सम्पत्ति उनकी और उनके भाई रामकान्त राय की पैदा की हुई है। दोनों भाइयों ने साथ ही धन कमाया था। दोनों भाइयों में बड़ा प्रेम था; एक के मन में दूसरे के प्रति यह सन्देह कभी नहीं हुआ कि एक दूसरे को नुकशान पहुँचा सकता है। समूची जमींदारी बड़े भाई कृष्णकान्त के नाम ही खरीदी गई थी और सबकी रसोई एक थी। रामकान्त राय को एक पुत्र था उसका नाम गोविन्दलाल था। पुत्र पैदा होने के समय ही रामकान्त के मन में यह सन्देह हुआ था कि दोनों की उपार्जित सम्पत्ति एक के नाम है, अत: पुत्र की मंगल-कामना के लिए लिखा-पढ़ी हो जाना अच्छा है। कारण, वे इस बात से तो निश्चिन्त थे कि उनके बड़े भाई कभी अन्याय कर नहीं सकते; फिर भी, कृष्णकान्त के परलोक गमन के बाद उनके पुत्र क्या करेंगे इसका क्या ठिकाना? किन्तु लिखा-पढ़ी की बात सहज ही कह न सके आज कहूँगा, कल कहूँगा यह करते रहें। एक बार जरूरत पड़ने पर वे अपने इलाके में गये और अकस्मात् वहीं उनकी मृत्यु हो गई।

यदि कृष्णकान्त यह चाहते कि भतीजे को वंचित कर उसकी सारी सम्पत्ति अकेले भोगें, तो इसमें कोई अड़चन न थी। किन्तु कृष्णकान्त के मन में ऐसी कोई बुरी अभिसन्धि न थी। उन्होंने गोविन्दलाल को अपनी गृहस्थी में, अपने पुत्रों की तरह पालन करना शुरू किया तथा एक वसीयत बनाकर रामकान्त राय का प्राप्य आधा हिस्सा गोविन्दलाल के नाम कर देने के लिए तैयार थे।

कृष्णकान्त राय के दो लड़के और एक लड़की है। बड़े लड़के का नाम हरलाल, छोटे का विनोदलाल और कन्या का नाम शैलवनी है। कृष्णकान्त ने इस तरह वसीयत किया कि उनकी मृत्यु के बाद गोविन्दलाल को आठ आना, हरलाल और विनोदलाल हरेक को तीन आना, गृहिणी को एक आना और एक आने का भाग शैलवती को उनकी सम्पत्ति से मिले।

हरलाल बड़ा निरंकुश था। वह पिता से ढीठ और मुँहफट था। बंगालियों की वसीयत प्राय: छिपी नहीं रहती। उसकी खबर हरलाल को भी लग गई। हरलाल ने देख-सुनकर लाल आँखें कर पिता से पूछा—"यह क्या हुआ? गोविन्दलाल को आधा भाग और हम लोगों को तीन-तीन आना?"

कृष्णकान्त ने कहा—"न्याय का कार्य हुआ है गोविन्दलाल के पिता का आधा हिस्सा उसे मिल रहा है।"

हर०—"गोविन्दलाल के पिता का क्या हक है? हमारी पैतृक सम्पत्ति का हकदार वह कौन है? फिर माता-बहन का प्रतिपालन हम करेंगे, उनका एक-एक आना हक कैसा? इसके बदले उनके भरण-पोषण की बात लिख जाइये।"

कृष्णकान्त कुछ रुष्ट होकर बोले—"बेटा, हरलाल! सम्पत्ति मेरी है, तुम्हारी नहीं—मेरी जिसे इच्छा होगी, दे जाऊँगा।"

हर०—"आपकी बुद्धि तो सठिया गई है! आपको अपनी मनमानी मैं करने न दूँगा।" कृष्णकान्त क्रोध से लाल होकर रोने लगे। "हरलाल आज यदि तुम बच्चे होते तो गुरु जी को बुलवाकर तुम्हारी बेंत से खबर लिखता।"

हर०—"मैंने लड़कपन में अपने गुरा की वादी फूँक दी थी अब उसी तरह इस वसीयत को जला दूँगा।"

कृष्णकान्त इस पर कुछ न माँगे। उन्होंने वसीयत निकालकर फाड़कर टुकड़े-टुकड़े कर दी। उसके बदले एक नयी वसीयत उन्होंने लिखवायी उसमें गोविन्दलाल को आठ आना, विनोदलाल को पाँच जना, अपनी स्त्री को एक आना, शैलवती को एक आना और हरलाल को भी केवल एक आना लिखा।

इस पर क्रुद्ध होकर हरलाल घर छोड़कर कलकत्ता चला गया। वहाँ से उन्होंने पिता को एक "पत्र लिखा जिसका मर्म इस तरह था—"कलकत्ते के पण्डितों ने निशि कि विधवा-विवाह शास्त्रसम्मत है। मैने विचार किया है कि मैं भी एक विधवा से विवाह करूँगा। यदि आप उस वसीयत को बदलकर एक नया वसीयतनामा करें, जिसमें मुझे आठ आना हिस्सा लिखा हो और तुरंत उसकी रजिस्ट्री हो जाय तो यह विचार मैं बदल दूँगा। अन्यथा शीघ्र ही एक विधवा से शादी करूँगा।"

हरलाल ने मन में सोचा था कि कृष्णकान्त इससे भयभीत होकर वसीयत बदलकर उसके नाम अधिक सम्पत्ति लिख देगें। किन्तु कृष्णकान्त का उन्होंने जो उत्तर पाया, उससे यह भरोसा भी जाता रहा। कृष्णकान्त ने लिखा था—"तुम मेरे त्याज्य पुत्र हो। तुम्हारी जिससे इच्छा हो;

शादी करो, मेरी जिसे इच्छा होगी, सम्पत्ति दूँगा। तुम्हारे विवाह कर लेने पर मैं यह वसीवत बदलूँगा अवश्य किन्तु उसमें तुम्हें हानि के लाभ न होगा।"

इसके कुछ ही दिनों बाद हरलाल ने खबर भेजवा दी कि उन्होंने विधवा-विवाह कर लिया। कृष्णकान्त ने फिर वसीयत फाड़ डाली और नयी वसीयत लिखी गयी।

पड़ोस में ब्रह्मानन्द घोष नाम के एक गरीब भले आदमी रहते थे जो कृष्णकान्त को बड़े भैया कहा करते थे उन्हीं के द्वारा कृपापूर्वक प्रतिपालित भी होते थे।

ब्रह्मानन्द की हस्तलिपि बड़ी सुन्दर थी। यह सब लिखा-पढ़ी उन्हीं के द्वारा होती थी। कृष्णकान्त ने उसी दिन ब्रह्मानन्द को बुलाकर कहा—"खाना-पीना समाप्त कर यहाँ आना। नया वसीयतनामा तैयार करना होगा।"

विनोदलाल वहाँ मौजूद थे उन्होंने कहा—"अब फिर वसीयत क्यों बदली जा रही है?"

कृष्णकान्त ने जवाब दिया—"इस बार तुम्हारे बड़े भाई के नाम शून्य होगा।"

विनोदलाल—"यह अच्छा न होगा! अपराधी वह हो सकते हैं, किन्तु उनके एक पुत्र है शिद्ध निरपराध है। उसका क्या होगा?" वह कृष्ण उसके नाम एक पाई लिख दूँगा।"

"एक पाई भाग का मूल्य ही क्या है"

"मेरी आय कोई 2 लाख रुपये सालाना है। उसका एक पाई भाग तीन हजार रुपये से ऊपर हुआ। इससे अधिक न दूँगा!"

विनोदलाल ने बहुत समझाया, किन्तु मालिक का हृदय-परिवर्तन न हुआ।

दूसरा परिच्छेद

ब्रह्मानन्द नहा-खाकर सोने की फिक्र कर रहे थे। ऐसे समय आश्चर्य से उन्होंने देखा कि उनके सामने हरलाल राय उपस्थित है। हरलाल उनके सिरहाने बैठ गये।

ब्रह्मा०—"अरे, बड़े बाबू! कब घर आये?"

हर०—"अभी घर गया नहीं हूँ।"

ब्रह्मा०—"एकदम सीधे यहीं आये हो? कलकत्ते से कब आये?

हर०—"कलकत्ते से आये दो दिन हुए मुझे। दो दिन कहीं और छिपा रहा। क्या फिर नयी वसीयत होने जा रही है?"

ब्रह्मा०—"ऐसा ही तो सुन रहा हूँ!"

हर०—"मेरा हिस्सा इस बार शून्य होगा?"

ब्रह्मा०—"मालिक अभी क्रोध में ऐसा ही कह रहे हैं; किन्तु यह क्रोध रहेगा नहीं।"

हर०—"आज शाम को लिखा-पढ़ी होगी? तुम लिखोगे?"

ब्रह्मा०—"क्या करूँ माई! मालिक के कहने पर 'नहीं' कैसे कर सकता हूँ?"

हर०—"ठीक है, इसमें तुम्हारा क्या दोष! कुछ व्यापार करना चाहते हो?"

ब्रह्मा—"बण्ड-घूँसे से? तो कर लो, वही!"

हर०—"यह नहीं, एक हजार रुपये।

ब्रह्मा०—"विधवा-विवाह करने के लिए क्या?"

हर०—"हाँ, वही समझो!"

ब्रह्मा० "उम्र तो बीत चुकी है।"

हर०—"तो एक नया काम करो अभी शुरू कर दो बयाना पहले ले लो।"

यह कहकर ब्रह्मानन्द के हाथ पर हरलाल ने पाँच सौ रुपयों के नोट रख दिये।

ब्रह्मानन्द ने उलट-पलटकर देखा और फिर कहा—"यह लेकर मैं क्या करूँगा?"

हर०—"घर में पूंत्री बना लो। दस रुपये मोती ग्वालन को दे देना।"

ब्रह्मा०—"ग्वालन-फालन का कोई इलाका थोड़े ही रखा हुआ है! लेकिन मुझे करना क्या होगा?"

हर०—"दो कलमें बनाओ दोनों की खत एक समान हो।"

ब्रह्मा०—"अच्छा भाई! जो कहोगे, वही सुनना पड़ेगा।"

यह कहकर घोष महाशय ने दो नयी कलमें लेकर एक समान उनकी 'खतें' काटीं। साथ ही लिखकर देख भी लिया कि दोनों की लिखावट एक समान है।

तब हरलाल ने कहा—"इसकी एक कलम सन्दूक में बन्द करें रखो। जब वसीयत लिखने जाना तो यह कलम माथ ले जाना और इसी में लिखना। दूसरी कलम लेकर अभी मेरे सामने लिखा-पढ़ी करनी होगी। तुम्हारे पास अच्छी रोशनाई है?"

ब्रह्मानन्द ने दावात निकालकर दिखायी। हरलाल ने कहा—"ठीक है, यही, दावात लेकर लिखते जाना।"

ब्रह्मा०—तुम्हारे घर क्या कलम-दावात नहीं है कि मैं इन्हें लादकर ले जाऊँगा।

हर०—"मेरा दूसरा उद्देश्य है नहीं तो तुम्हें इतने रुपये क्यों देता!"

ब्रह्मा०—"मैं भी वही सोच रहा हूँ ठीक कहते हो भैया!"

हर०—"तुम्हारे आज दावात-कलम लेकर जाने पर लोग सोच सकते हैं कि आज यह नई बात। लेकिन सरकारी कलम-दावात की निन्दा कर देने से ही सारी बातें लिग जाएँगी।"

ब्रह्मा०—"अरे, सरकारी कलम-दावात की ही क्यों, सीधे सरकार की ही निन्दा कर सकते हैं।

हर०—"इतनी जरूरत न पड़ेगी। अब काम की बात सुनो!"

हरलाल ने दो कागज लिखा-पढ़ी वाले निकाले। ब्रह्मानन्द ने उन्हें देखकर कहा—"यह तो सरकारी कागज जान पड़ता है!"

"सरकारी नहीं है लेकिन वकीलों के यहाँ इसी कागज पर लिखा-पढ़ी होती है, मैं जानता हूँ। पिता जी भी इसी कागज पर लिखा-पढ़ी कराया करते हैं। इसीलिए इन कागजों को मैंने जुटा रखा है। मैं जो बोलता हूँ इस कागज पर इसी कलम-दावात से लिखो तो!"

ब्रह्मानन्द लिखने लगे। हरलाल एक वसीयतनामा लिखा दिया। उसका मर्म यहीं था कि कृष्णकान्त वसीयत लिख रहे हैं उनके नाम जो सम्पत्ति है, उसका बँटवारा कृष्णकान्त के मर जाने पर इस तरह होगा जैसे विनोद को तीन आना, गोविंदलाल को एक पाई; गृहिणी एक पाई, शैलवती एक पाई; हरलाल का पुत्र एक पाई हरलाल ज्येष्ठ पुत्र है इसलिए बारह आना।

लिख जाने पर ब्रह्मानन्द ने कहा—"वसीयतनामा तो तैयार हो गया अब दस्तखत कौन करेगा?"

"मै!"—यह कहकर हरलाल ने कृष्णकान्त राय का और चार गवाहों के दस्तखत बना दिये।

ब्रह्मानन्द ने कहा—"ठीक है। लेकिन हुआ तो यह जाली!"

हर०—"यह असली वसीयत है शाम को जो लिखोंगे, वह जाली होगा।"

ब्रह्मा०—"कैसे?"

"जब तुम वसीयत लेने जाना तो इस कागज को अपनी जेब में छिपाकर ले जाना। वहाँ जाकर इसी कलम-दावात से उनके इच्छानुसार वसीयत लिखना। कागज,कलम, रोशनाई, लेखक सब एक होगा, अत: दोनों में कोई फर्क देखने में न आएगा। बाद में लेख सुनने और दस्तखत हो जाने के बाद अन्त में तुम अपने दस्तखत के लिए लेना और फिर उसी समय सबकी नजर बचाकर कागज बदल देना और वह वसीयत लाकर मुझे लौटा देना।" दस्तखत करने के लिए यह वसीयत मालिक को देना।

ब्रह्मानन्द घोष विचार में पड़ गये। फिर बोले—"लेकिन खूब बुद्धि लड़ायी है!"

हर०—"क्या सोच रहे हो?"

ब्रह्मा०—"तुम अपने रुपये वापस ले लो मुझसे जालसाजी न होगी!"

"लाओ!"— यह कहकर हरलाल ने हाथ फैलाया। ब्रह्मानन्द घोष ने रुपये लौटा दिये। नोट लेकर हरलाल लौट गये। तब ब्रह्मानन्द ने उन्हें फिर बुलाया—"अरे भाई! लौट गये क्यों?"

"नहीं"—कहकर हरलाल फिर वापस हुए।

ब्रह्मा०—"अभी तो तुमने पाँच सौ दिये। बाद में क्या दोगे?"

हर०—"तुम वह वसीयत तो दोगे और मैं पाँच सौ दूँगा।"

ब्रह्मा०—"रुपये तो काफी हैं लोभ छोड़ते नहीं बनता।

हर०—"तो तुम राजी हो?"

ब्रह्मा०—"राजी न होंगे तो क्या होंगे! लेकिन अदला-बदली कैसे करूँगा? देख लेंगे तो?

हर०—"देख कैसे लेंगे? देखो, मैं तुम्हारे सामने कागज बदलता हूँ, पकड़ो तो भला!"

हरलाल को और कोई विद्या आती हो या न आती हो, हस्त-कौशल में वह कुछ शिक्षा पा चुका है।

उसने एक कागज जेब में रखा और दूसरे पर दस्तखत करने लगे। उसी समय जेब का कागज हाथ में आ गया और हाथ का कागज जेब में चला गया, इस सफाई को ब्रह्मानन्द देख न सके। ब्रह्मानन्द उनकी हाथ की सफाई की तारीफ करने लगे। हरलाल ने कहा—"यह सफाई तुम्हें भी सिखा दूँगा।" यह कहकर हरलाल उन्हें हाथ-सफाई सिखाने लगे।

घण्टे-डेढ़ घण्टे में ब्रह्मानन्द को कौशल आ गया। तब हरलाल ने कहा—"अब मैं जाता हूँ। संध्या के बाद बाकी रुपये लेकर आऊँगा।" यह कहकर हरलाल चले गये।

हरलाल के जाने पर ब्रह्मानन्द मन में बहुत डरे। उन्होंने सोचा कि जिस कार्य के लिए वह तैयार हुए हैं; वह पुलिस के कानून में बड़ा भारी अपराध है। क्या जाने, बाद में उन्हें इसके लिए जेलखाने की कैद भुगतनी पड़े। और यदि कागज बदली करते समय कोई उन्हें पकड़ ले तो? ऐसा काम करने के लिए क्यों उतारू हुए हैं वह? न करने पर हाथ में आये एक हजार रुपये लौटाने पड़ेंगे। यह भी न बन पड़ेगा, प्राण रहते।

हाय रे, फरताहार! कितने गरीब ब्राह्मण का हृदय तुमने दुखाया है। इधर संक्रामक ज्वर, प्लीह से पेट भरा हुआ है उस पर फलाहार सामने है। ऐसे समय फूल की थाली में केले के

पत्ते सजायी हुई पूरियाँ, संदेश, बूंदी के लड्डू, सीताभोग आदि का ताजा सुन्दर रूप देखकर दरिद्र ब्राह्मण क्या करे? त्याग करेगा या भोजन करेगा? मैं शपथपूर्वक कह सकता हूँ कि ब्राह्मण यदि हजार वर्ष तक भी ऐसी सुसज्जित थाली के सामने बैठकर तर्क-वितर्क करे तो भी इस प्रश्न का हल न निकाल सकेंगे। और हल न कर सकने पर ये चीजें बिना बोले पेट में उतार जाएँगे।

ब्रह्मानन्द घोष महाशय का भी यही हाल हुआ। हरलाल के इन रुपयों को हजम करना मुश्किल है—'जेलखाने का डर है लेकिन त्याग करते भी तो नहीं बनता! लोभ है तो भारी, लेकिन बदहजमी का भी डर है। ब्रह्मानन्द कुछ निश्चय न कर सके। और निश्चय न कर सकने पर, दरिद्र ब्राह्मण की तरह पेट भरने की तरफ ही उनका ध्यान रहा।

तीसरा परिच्छेद

ब्रह्मानन्द संध्या के बाद वसीयत लिखकर वापस आ गये। देखा कि हरलाल आकर बैठे हैं। हरलात ने पूछा—"क्या हुआ?"

ब्रह्मानन्द जरा काव्यप्रिय हैं। उन्होंने बड़े कष्ट से हँसकर कहा—"मन में आया चाँद पकड़ू, हाथ बढ़ा दिया। काँटों पर पड़ा हाथ, दुःख-दर्द ले लिया।"

हर०—"नहीं कर सके क्या?"

ब्रह्मा०—"भाई! मन न जाने कैसा करने लगा।"

हर०—"नहीं कर सके?"

ब्रह्मा०—"नहीं भाई! यह लो अपना जाली वसीयतनामा और यह रहे तुम्हारे रुपये।"

यह कहकर ब्रह्मानन्द ने वह नकली वसीयत और सन्दूक से पाँच सौ रुपये निकालकर दे दिये। क्रोध और विरति से हरलाल की आँखें लाल हो गई। उनके होठ काँपने लगे। उन्होंने कहा—"मूर्ख अकर्मण्य! स्त्रियों का काम भी तुमसे न हो सका? मैं तो चला लेकिन याद रखना, अगर इस बात की गन्ध भी तुम्हारे मुँह से निकली तो तुम्हारी जान की खैरियत नहीं!"

ब्रह्मानन्द ने कहा—"इसकी चिंता न करो। मुझसे किसी तरह भी यह बात प्रकट नहीं हो सकती।"

वहाँ से उठकर वह ब्रह्मानन्द के रसोई घर में गये। हरलाल घर के लड़के हैं, सभी जगह आ-जा सकते हैं। रसोई घर में ब्रह्मानन्द की भतीजी रोहिणी रसोई बना रही थी।

इस रोहिणी से हमारा कुछ विशेष सम्बन्ध है, अतः उसके रूप-गुण का कुछ वर्णन करना चाहिये। लेकिन आजकल रूप के वर्णन का बाजार बहुत गर्म है, और गुण वर्णन हाल के कानून के अनुसार अपना छोड़कर दूसरे का कर नहीं सकते। फिर भी, इतना तो कहना ही पड़ेगा कि रोहिणी का यौवन बरसाती नदी की तरह भरा हुआ है रूप उछला पड़ता है, शरत के चन्द्रमा अपनी सोलहों कलाओं से परिपूर्ण है। वह बाल-विधवा है किन्तु विधवा के अनुकूल न होने के उसमें अनेक अवगुण हैं। दोष यही कि वह काले पाढ़ की साड़ी पहनती है, हाथ में चूड़ी पहनती है और शायद पान भी खाती है। इधर रसोई बनाने में वह द्रौपदी जैसी है तरकारी, पापड़, पकवान, बड़ा-पकौड़ी, कढ़ी बनाने में सिद्धहस्त है। फिर बनाव-श्रृंगार में, गहने-पहनने में, और फूल-सजाने में सूची-कला में तो वह अतुलनीय है ही। चोटी गूँथने, लड़कियों को सजाने में वही मुहल्ले की एकमात्र आशा है। उसका कोई अपना सहायक नहीं है। इसलिए ब्रह्मानन्द के घर में रहती है।

सुन्दरी रोहिणी ठन-ठन करती हुई दाल की बटलोही में कलछी घुमा रही थी। एक बिल्ली दूर खाने की ताक में बैठी थी। पशु-जाति, रमणी-जाति के बिजली जैसे कटाक्ष से काँप उठती है या नहीं—यह देखने के लिए रोहिणी उस पर रह-रहकर विषपूर्ण कटाक्ष-प्रहार कर रही थी बिल्ली भी उस कटाक्ष को तली हुई मछली के आहार का निमंत्रण समझकर जब धीरे-धीरे आगे बढ़ रही थी, इसी समय हरलाल बाबू अपने जूतों को मचमचाते हुए भीतर आये। बिल्ली तली हुई मछली का लोभ छोड़कर भाग खड़ी हुई। रोहिणी हाथ से कलछी छोड़कर हाथ धोकर, घूँघट निकालकर खड़ी हो गई। नाखून से नाखून कुदेरते हुए उसने कहा—"बड़े चाचा! कब आयें?"

हरलाल ने जवाब दिया—"कल आया हूँ। तुमसे कुछ बाते करनी हैं।"

रोहिणी सिहर उठी; बोली—"आज यहीं खाएँगे क्या! महीन चावल भात के लिए चढ़ा दूँ।"

हर०—"हाँ-हाँ चढ़ाओ; लेकिन वह बात नहीं है। क्या तुम्हें अपनी उस दिन की बात याद है?

चुपचाप जमीन देखती रही रोहिणी। हरलाल ने कहा—"उसी दिन, जब तुम गंगा-स्नान करके लौट रही थी और अपने दल से बिछुड़कर छूट गई थी, याद आता है?"

रोहिणी—(बाएँ हाथ की चार उँगलियाँ वाहिनी हथेली पर रखकर) "हाँ, याद है।"

हर०—"जिस दिन तुम भूलकर मन्दिर चली गई थी, याद है?"

रोहिणी—"याद है।"

हर०—"यहाँ तुम्हें रात हो गई थी और यहाँ से निकालने पर कितने ही बदमाशों ने तुम्हारा पीछा किया याद है?

रोहिणी—"हाँ!"

हर०—"उस दिन तुम्हें किसने बचाया था?"

रोहिणी—"तुमने! तुम घोड़े पर जड़े हुए उसी मन्दिर की राह कहीं जा रहे थे।"

हर०—"साली के घर।"

रोहिणी—"तुमने मुझे देखकर मेरी रक्षा की भी मुझे पालकी और कहार बुलाकर घर भेजवा दिया था खूब मजे में याद है। यह उपकार मैं कभी भूल नहीं सकती!"

हर०—"आज उस उपकार का बदला चुका सकती हो। उस पर भी मुझे जन्म भर के लिए खरीद ले सकती हो बोलो, करोगी?"

रो०—"क्या, कहिये मैं प्राण देकर भी आपका उपकार करूँगी।"

हर०—"करो या न करो लेकिन यह बात किसी के सामने प्रकट न करना।"

रो०—"प्राण रहते नही!"

हर०—"कसम खाओ।"

कसम खाई रोहिणी ने।

तब हरलाल ने कृष्णकान्त की असली और नकली वसीयत की बात उसे समझा दी अन्त में उन्होंने कहा—"वही असली वसीयत चोरी करके जाली वसीयत उसके बदले रख आना होगा। हम लोगों के घर तो तुम हमेशा जा सकती हो। तुम बुद्धिमान हो, सहज ही यह काम कर सकोगी। मेरे लिए क्या इतना करोगी?"

रोहिणी काँप उठी, बोली—"चोरी मुझे मारकर टुकड़े-टुकड़े कर देने पर भी यह न कर सकूँगी।"

हर०—"नारी जाति ऐसी ही निकम्मी होती है बात ही बात होती है उनकी! मैं समझता हूँ कि इस जन्म में तुम मेरे उपकार का बदला कभी चुका नहीं सकती।"

रो०—"और जो कहिये. सब करूँगी आप कहें तो मर सकती हूँ लेकिन यह विश्वासघाती काम नहीं कर सकती।"

किसी तरह भी जब रोहिणी को राजी न कर सके तो एक हजार के नोट उसके हाथ पर रखने लगे। बोले—"यह एक हजार रुपये इनाम पेशगी ले! यह काम तुम्हें करना ही पड़ेगा।"

रोहिणी ने नोट नहीं लिये बोली—"रुपये का लालच मैं नहीं करती। मालिक की सारी सम्पत्ति देने पर भी कर न सकूँगी। करना होता तो केवल आपकी बात पर ही कर देती।"

हरलाल ने लम्बी साँस खींची, फिर बोले—"मन में सोचा था रोहिणी, कि तुम मेरी हितैषी हो। लेकिन पराया कभी अपना हुआ है? देखो, आज यदि मेरी स्त्री होती तो मैं तुम्हारी खुशामद करने कभी न आता वही मेरा यह काम कर देती।"

इस बार रोहिणी थोड़ा हँसी। हरलाल ने पूछा—"क्यों, हँसी क्यों?"

रो०—"आपकी स्त्री के नाम से, वह विधवा-विवाह की बात याद आ गई। आप क्या विधवा-विवाह करेंगे?"

हर०—"इच्छा तो है, लेकिन मन के मुताबिक विधवा मिलेगी कहाँ?"

रो०—"विधवा हो या सधवा—यानी विधवा हो या कुमारी हो, एक बार विवाह कर के संसारी बनने से ही काम निकल सकता है। हम लोग आत्मीय-स्वजन सभी तो ऐसा होने से खुश होगे।"

हर०—"देखो रोहिणी, विधवा-विवाह शास्त्र-सम्मत है।"

रो०—"यह तो आज सभी लोग कहते हैं।"

हर०—"देखो, तुम भी तो फिर विवाह कर सकती हो क्यों न करोगी?"

रोहिणी ने थोड़ा घूँघट निकालकर मुँह घुमा लिया।

हरलाल कहने लगे—"तुम लोगों के साथ हमारा केवल गाँव का रिश्ता है असली सम्बन्ध तो है नहीं!"

रोहिणी अब और लम्बा घूँघट निकालकर बैठ गई और लगी बटलोही में कलछी घुमाने लगी। यह देखकर खिन्न होकर हरलाल वापस जाने लगे।

हरलाल जब दरवाजे के पास पहुँचे तो रोहिणी ने कहा—"कर सकती हूँ।" "न हो तो, कागज रख जाइये; देखें क्या होता है।

हरलाल ने प्रसन्न होकर जाली वसीयत और रुपये रोहिणी के पास रख दिये। देखकर रोहिणी बोली—"नोट नहीं सिर्फ वसीयत रखिये।"

हरलाल जाली वसीयत छोड़कर नोट लेकर चले गये।

चौथा परिच्छेद

उसी दिन रात आठ बजे के समय कृष्णकान्त राय अपने सोने के कमरे में पलंग पर बैठे हुए, मसनद के सहारे उठेंगकर सटका लगाये हुए तंबाकू पी रहे थे और संसार

की एकमात्र औषधि और नशे में श्रेष्ठ अहिफेन उर्फ अफीम के मीठे नशे में पिनक ले रहे थे। पिनक में क्या देखते हैं मानो उनकी वह वसीयत बिक्री का कबाला हो गयी है। मानों हरलाल ने उनकी सारी सम्पत्ति तीन रुपये तेरह आने के एक टुकड़े में खरीद ली है। फिर किसी ने जैसे कहा कि "नहीं, यह दानपत्र नहीं, तमस्सुक है। इसके बाद ही पिनक में देखने लगे। ब्रह्मा के बेटे विष्णु ने आकर वृषभारूढ़ महादेव से एक गोली अफीम कर्ज लेकर यही दलील लिखकर विश्व-ब्रह्मांड को बन्धक रख दिया है। महादेव गाँजे के नशे में फोरक्लोज करना भूल गये हैं। ऐसे ही समय रोहिणी ने धीरे-धीरे कमरे में प्रवेश कर कहा क्या सो रहे हैं?"—"दादा जी!

कृष्णकान्त ने बिना सिर उठाये कहा कौन, नन्दी? "भगवान से फोरक्लोज करने के लिए कहो।"

रोहिणी समझ गयी कि कृष्णकान्त इस समय अफीम की पिनक में हैं। हँसकर बोली—"दादा जी! नन्दी कौन है?"

कृष्णकान्त ने बिना सिर उठाए ही कहा—"हूँ", ठीक कहा! वृन्दावन में ग्वाले के यहाँ का मक्खन खाया था। आज तक उसका पैसा नहीं दिया है।"

रोहिणी खिलखिलाकर हँस पड़ी। तब कृष्णकान्त चिहुँक उठे। माथा उठाकर देखकर बोले—"कौन है—अश्विनी, भरणी, कृत्तिका, रोहिणी?"

रोहिणी ने जवाब दिया—"मृगशिरा, आर्द्रा, पुनर्वसु, पुष्य।"

कृष्ण०—"आश्लेषा, मघा, पुनर्वसु, पूस।

रो०—"दादा जी! मैं क्या तुम्हारे पास ज्योतिष सीखने के लिए आयी हूँ।"

कृष्ण०—"यह तो! तब कैसे आई? अफीम तो नहीं चाहिये?"

रो०—"वह क्या जीवन रहते आप दे सकते हैं! उसके लिए नहीं आयी हूँ। मुझे तो काका ने भेजा है। इसलिए आयी हूँ?"

कृष्ण०—"तो ऐसा कह आखिर अफीम के लिए ही न?"

रो०—"नहीं, दादा जी, नही! तुम्हारी कसम, अफीम नहीं चाहिये। काका ने कहलाया है कि आज जिस वसीयत की लिखा-पढ़ी हुई है, उसमें तुम्हारे दस्तखत नहीं हुए।"

कृष्ण०—"अरे, मुझे तो मजे में याद है कि मैंने दस्तखत किये हैं!

रोहि०—"नहीं, काका का कहना है कि उन्हें याद आता है कि तुमने उस पर दस्तखत नहीं किया है। ठीक तो है, सन्देह रखने की जरूरत क्या? तुम एक बार उसे देख लो!"

कृष्ण०—"ठीक, तो जरा लालटेन उठा तो!"

यह कहकर कृष्णकान्त ने उठकर तकिये के नीचे से ताली का गुच्छा निकाला। रोहिणी ने अपने हाथ में रोशनी ली। पहले कृष्णकान्त ने एक बक्सा खोला और उसमें से एक बड़ी विचित्र ताली निकाला, फिर उसने चेस्टड्रॉवर की एक दराज खोली और खोजकर वह वसीयत निकाली। इसके बाद बक्सा से चशमा निकालकर नाक पर चढ़ाने की कोशिश करने लगे। लेकिन चशमा निकालते-निकालते, दो-एक बार उन्हें अफीम की पिनक आ ही गयी, अत: उसमें भी कुछ समय बीता। अन्त में किसी तरह चशमा जब दिखाने लगा, तो देखकर कृष्णकान्त ने हँसकर कहा—"रोहिणी! मैं क्या बूढ़ा होकर पागल हो गया हूँ? यह देखो, मेरा दस्तखत है।"

रोहिणी ने कहा "राम-राम, बूढ़े क्यों हो जाएँगे। हम लोगों के नाती-नतिनी होने से ही क्या होता है! ठीक है, तो मैं जाकर दादा को बता दूँ।"

यह कहकर रोहिणी कृष्णकान्त के सोने वाले कमरे से बाहर हुई।

***

सुनसान रात थी। कृष्णकान्त सो रहे थे। अकस्मात् उनकी नींद खुल गयी। जागते ही उन्होंने देखा कि उनके कमरे में रोशनी नहीं है। प्राय: रोज रात को कृष्णकान्त के कमरे में रात भर दिया जला करता था। लेकिन आज उन्होंने देखा कि रोशनी बुझ गयी है। नींद टूटते समय उन्हें ऐसा भी भान हुआ, जैसे कोई दराज में चाभी घुमा रहा हो। यह भी अनुभव हुआ कि घर में कोई चल-फिर रहा है। कोई मनुष्य उनके पलंग के पास सिरहाने तक आया उनके तकिये को उसने छुआ भी। कृष्णकान्त अफीम के नशे में विभोर थे। सोते हैं या जागते हैं मजे में समझ न सके। घर में रोशनी नहीं है। इसे भी वह मजे में समझ न सके कभी अर्द्धनिद्रित, कभी अर्द्धचेतन जागते रहने पर भी आँखें खुलती नहीं। एक बार सहसा आँखें खुली सही; लेकिन उन्होंने अँधेरा देखा तो समझे कि हरिघोष के मुकदमे में उन्होंने दलील पेश की थी, इसीलिए उन्हें जेल हो गयी जेलखाने में घोर अन्धकार है। कुछ देर के बाद एकाएक ताला खुलने का शब्द उनके कानों तक पहुँचा यह क्या, जेल के फाटक का ताला बन्द हुआ? एकाएक वे चिहुँक उठे। कृष्णकान्त ने हुक्के का सटका हाथ में उठाने के लिए हाथ बढ़ाया, मगर पाया नहीं। अभ्यास के अनुसार उनके मुँह से निकल गया—"हरी!"

कृष्णकान्त अन्त:पुर में नहीं सोते थे। बाहरी घर में ही सोते थे। दोनों तरफ के चीन में कमरा था। उसी में सोते थे। यहाँ हरी नाम का एक खानसामा पहरेदार की तरह हमेशा सोला पार कोई नहीं। कृष्णकान्त ने उसे ही बुलाया—"हरी!"

कृष्णकान्त दो एक बार ही हरी को बुलाकर फिर अफीम की पिनक में सो गये। असाधी करने वाले उसी समय उनके घर से गायब हो गयी और जाली वसीयत उसके स्थान पर रख दी गयी।

पाँचवाँ परिच्छेद

दूसरे दिन सबेरे रोहिणी फिर वहीं बैठी थी, फिर वहीं हरलाल झाँक-ताक लगा रहा था। सौभाग्य से ब्रह्मानन्द घर में न थे। नहीं तो न जाने क्या मन में सोचते।

हरलाल धीरे-धीरे रोहिणी के पास गये; रोहिणी ने उधर मजे में देखा भी नहीं। हरलाल ने कहा—"जरा इधर देखो हाँड़ी फटेगी तो नहीं?"

रोहिणी ने देखकर हँस दिया। हरलाल ने पूछा—"क्या किया?"

रोहिणी ने चुराया हुआ वसीयतनामा लाकर हरलाल को देखने को दिया। हरलाल ने पढ़कर देखा असली ही था। उस समय भी दुष्ट के चेहरे पर हँसी न थी। कागज हाथ में लेकर उसने पूछा—"कैसे पा सकी इसे?"

रोहिणी ने एक कहानी शुरू की सच्ची बात कुछ न बतायी एक मिथ्या उपन्यास की रचना करने लगी। दहते-कहते हरलाल के हाथ से वसीयत लेकर वह नाट्य करती हुई बताने लगी कि किस तरह एक कागज कलमदान में पड़ा हुआ था। वसीयत चोरी की कहानी समाप्त कर रोहिणी सहसा कागज लिये हुए चली गयी। जब वह लौटी तो उसके हाथ में वसीयत न थी। यह देखकर हरलाल ने पूछा—"कागज कहाँ रख आयी।"

रो०—"सँभालकर रख दिया है।"

हर०—"उसे सँभालकर रखने से क्या होगा; मैं तो अभी जा रहा हूँ।"

रो०—"अभी जाओगे? इतनी जल्दी क्यों है?"

हर०—"यहाँ रहने का समय नहीं है।"

रो०—"तो जाओ!"

हर०—"और वसीयत?"

रो०—"मेरे पास रहने दो।"

हर०—"यह क्या? वसीयत मुझे न दोगी?"

रो०—"वह जैसे तुम्हारे पास रहा, वैसे मेरे पास रहा!"

हर०—“यदि मुझे वसीयत न दोगी, तो उसे चुराया क्यों था?”

रो०—“आपके लिए ही ऐसा किया है। जब आप विधवा-विवाह करेंगे, तब मैं यह कागज आपकी स्त्री को दे दूँगी। आप इसे नाहकर फाड़कर फेंक देंगे।”

हरलाल समझ गये, बोले—“यह नहीं हो सकता रोहिणी! जितने रुपये चाहो, ले लो।”

रो०—“एक लाख रुपये देने पर भी नहीं। जो देने का वचन दे चुके हो, वही चाहती हूँ।”

हर०—“यह न होगा! मैं जालसाजी करूँ या चोरी करूँ, अपने हक के लिए करूँगा। तुमने, किसके हक के लिए चोरी की है?”

रोहणी का मुँह सूख गया, वह नीचा सिर किये रह गयी। हरलाल कहने लगे—“मैं चाहे कैसा भी हूँ, जिसने चोरी की है। उसे कभी अपनी गृहिणी नहीं बना सकता!”

रोहिणी सहसा उठकर खड़ी हो गयी। घूँघट हटाकर और हरलाल की जैसा से ग्रंथ मिलाकर उसने कहा—“मैं चोर हूँ। और तुम साधु हो। किसने मुझे चोरी करने के लिए कहा था? किसने मुझे इतना बड़ा लोभ दिखाया? सरला स्त्री को देखकर किसने ठगपन किया। जिस नीचता से बढ़कर दूसरी नीचता नहीं जिस झूठ से बढ़कर दूसरा झूठ नहीं नीच-बर्बर भी जिस बात को जबान पर ला नहीं सकता, तुमने कृष्णकान्त राय के पुत्र होकर वही किया। हाय-हाय! मैं तुम्हारे अयोग्य हूँ? ऐसी कोई हतभागिनी न होगी, जो तुम जैसे दुष्ट और नीच को ग्रहण करे! तुम आज यदि औरत होते तो जिस चीज से घर झाड़ती हूँ, उससे तुम्हारी खबर लेती। तुम पुरुष हो, बस यही समझते हुए यहाँ से चले जाओ!”

हरलाल भी समझा उपयुक्त दण्ड मिला। धीरे-धीरे वहाँ से विदा हुआ। जाने के समय मुस्कराता जाता था। रोहिणी ने भी समझा उपयुक्त हुआ है दोनों तरफ से। वह जूड़ा खोंसकर रसोई में लग गयी। क्रोध में उसकी वेणी खुल गई थी। उसकी आँखों में आँसू आ रहे थे।

छठाँ परिच्छेद

तुम वसन्त की कोयल हो! दिल खोलकर गाओ इसमे मुझे कोई आपत्ति नहीं है; किन्तु तुमसे मेरी विशेष प्रार्थना है समय समझकर गाना। समय-कुसमय हर समय का गाना अच्छा नहीं। देखा, मैंने बहुत खोजकर कलम-दावात इत्यादि का दर्शन पाया, और भी अधिक खोज-खोजकर मन को पाया और कृष्णकान्त के वसीयतनामे की कहानी लिखने

बैठा। ऐसे समय आकाश से तुमने स्वर भरा—"कुद्र! कह! कुह!" तुम बड़ी सुकण्ठ हो, इसे मैं स्वीकार करता हूँ। किन्तु गला सुरीला होने से ही किसी को गाने का अधिकार नहीं है। जो हो, मेरे बाल पक चुके हैं कलम चला रहा हूँ। ऐसे समय तुम्हारे गाने से बहुत हानि नहीं होती। लेकिन देखो, नये बाबू लोग जब रुपये की ज्वाला से बेचैन होकर जमा-खर्च मिलाने में अपना माथा खपा रहे हैं, तब उस ऑफिस की टूटी दीवार से जो कहीं तुमने आवाज कस दी—"कुह" बस, तो फिर बाबू का जमा-खर्च मिल ही नहीं सकता। जब विरह-सन्तप्ता सुन्दरी प्राय: सारे दिन के बाद, अर्थात रात नौ बजे कुछ खाने के लिए बैठती है और जैसे ही खीर का कटोरा सामने खींचती है, वैसे ही तुमने स्वर भरा—"कुहू" सुन्दरी की खीर वैसे ही रह गयी शायद अनमनी होकर उसने उसमें नमक मिलाकर खाया। जो हो, तुम्हारे कुह में कुछ जादू है। नहीं तो जब तुम बकुल वृक्ष पर से गा रही थी और विधवा रोहिणी बगल में कलसी दबाकर पानी लाने जा रही थी, तब लेकिन पहले पानी लाने के लिए जाने का परिचय करा दूँ।

हाँ, बात यह है। ब्रह्मानन्द घोष मुखिया है—नौकर, मजदूर भी कहाँ से पायेंगे। यह सुविधा हो या कुविधा, यह नहीं बता सकता। सुविधा हो या कुविधा, जिसके घर मजदूरनी नहीं है, उसके घर ठगी, झूठ, रोना-धोना और गन्दगी ये चार वस्तुएँ भी न मिलेंगी। मजदूरनी नाम की देवी इन चारों चीजों की सृष्टिकर्ता है। उस पर जिनके घर अनेक मजदूरनियाँ हैं, उनके घर रोज कुरुक्षेत्र मचा रहता है। नित्य रावण-वध होता है, कोई मजदूरनी भीमरूपिणी सदैव झाड़ू की गदा हाथ में लिये घूम रही है; कोई उसकी प्रतिद्वन्द्वी राजा दुर्योधन की तरह भीष्म, द्रोण, कर्ण जैसे वीरों को धिक्कार रही है, कोई कुम्भकर्ण रूपिणी है छ: महीनों तक सोती है और नींद से उठते ही सर्वस्व खाती है, कोई सुग्रीव की तरह गला पकड़कर कुम्भकर्ण-वध का प्रयास कर रही है, इत्यादि।

ब्रह्मानन्द के घर यह सब आपदा-विपदा न थी। इसीलिए पानी भरना, बर्तन माँजना, सब रोहिणी के ही कपाल पर था। संध्या को सारा काम समाप्त कर रोहिणी पानी भरने चलती है। जिस दिन की घटना का वर्णन किया है, उसके दूसरे दिन

ठीक समय पर रोहिणी कलसी लेकर जल भरने जा रही थी। बाबू लोगों का एक बहुत बड़ा तालाब है, उसका नाम वारुणी है जिसका जल बहुत मीठा है। रोहिणी वहीं *जल लाने जाती है। आज भी जा रही थी। रोहिणी अकेले जल लाने जाती है कूल बटोरकर मामूली औरतों के साथ हलकी हँसी हँसती हुई, हलकी कलसी में हलका जल लाने का रोहिणी को अभ्यास नहीं है। उसकी कलसी भारी है, चाल-चलन भी भारी है। फिर भी, रोहिणी विधवा है। लेकिन विधवा की तरह रहती नहीं। होठों पर पान की लाली, हाथों में कंगन, फीतापाढ़ की साड़ी और कन्धों के जैपर सुन्दर गठनवाली, कालभुजंगिनी जैसी कुंडली मारे हुए चंचल-मनोहर वेणी। पीतल की

कलसी छाती पर टिकी है; चलने के कारण हिलने से धीरे-धीरे कलसी नाच रही है जैसे लहरों पर हसिनी लहरा लेती है, उसी तरह धीरे-धीरे कलसी नाच रही है। दोनों चरण धीरे-धीरे जमीन पर इस तरह गिर रहे थे, जैसे वृक्ष से झरने वाला फूल गिरता है। इस तरह रस की भरी कलसी ताल पर नाच रही थी। झूमती-झामती, पात्ल लगे हुए जहाज की तरह धीरे-धीरे, हिलती-डोलती रोहिणी सुन्दरी, सरोवर की राह को आलोकित करती हुई चली जा रही थी। ऐसे ही समय बक्ल वृक्ष पर बैठकर बसन्ती कोयल ने पुकरा—"कह! कुह! कुह!" रोहिणी ने ठहरकर चारों तरफ देखा। मैं शपथ खाकर कह सकता हूँ कि रोहिणी का वह अर्द्ध-विक्षिप्त, स्पन्दित, विलोल कटाक्ष यदि डालपर बैठी हुई कोयल देख पाती, तो तुरंत वह क्षुद्र चिड़िया नयन-शार से विद्ध हो उलटती-पलटती चक्कर खाती हुई नीचे आ गिरती। किन्तु पक्षी के भाग्य में यह न था। कार्य-कारण की अनन्त परम्परा से वह बंधी हुई न थी, अथवा उस का पूर्वजन्म का कमाया हुआ पुण्य उतना न था। मूर्ख पक्षी ने फिर पुकारा— "कुड्डू! कुहू कुहू!"

"दूर हो कलमुँही!"—कहकर रोहिणी आगे चली गयी। लेकिन कोयल भूल न सकी। हमारा दृढ़ विश्वास है कि कोयल ने असमय पुकारा था। गरीब विधवा युवती अकेली पानी भरने जा रही थी। ऐसे समय पुकारना ठीक नहीं हुआ। कारण, कोयल की पुकार सुनकर कितनी ही बातें याद आ जाती है—जैसे कुछ खो दिया है, मानो उस खो जाने से यौवन असार हो गया, मानो वह अब फिर प्राप्त होने का नहीं कहीं जैसे कोई रत्न खो दिया है जैसे कोई रोने के लिए बुलाता है। मानो यह जीवन वृथा गया। सुख की मात्रा पूरी न हुई। जैसे इस अनन्त संसार का सौन्द्रर्य कुछ भी भोगा न गया हो।

फिर कुहू कुहू कुहू! रोहिणी ने देखा, सुनील अनन्त गगन निःशब्द है, साथ ही कुहू की ध्वनि से ध्वनित हो उठा है। देखा, आम के पेड़ पर खिले हुए नये फूल, चमकता हुआ सोने जैसा रंग पत्तों के श्याम रंग के साथ मिला हुआ, शीतल सुगन्ध से परिपूर्ण, केवल मधुमक्खी या भौरे के गुनगुनाहट शब्द से ध्वनित, साथ ही उस कुहुक का बँधा हुआ स्वर। देखा सरोवर-तट पर गोविन्दलाल का बगीचा। उसमें फूल खिले हुए हैं—गुच्छों में, लता-लता में, शास्व प्रशाखा में, पत्तों-पत्तों में जहाँ-तहाँ फूल खिले हुए हैं। कोई सफेद, कोई लाल, कोई पीला, कोई नीला, कोई छोटा, कोई बड़ा। कहीं मधुमक्खियाँ तो कहीं भौरे—उस कुहुक से वायु की उन स्वरलहरियों के साथ मधुर सुगन्ध आ रही है। और उसी कुंज-बनकी छाया के नीचे गोविन्दलाल स्वयं खड़े हैं। उनके घने काले कुंचित केश, उनके चम्पा जैसे रंग वाले कन्धों पर छितराये हुए पड़े हैं। फूले हुए वृक्ष से भी अधिक सुन्दर उस उन्नत देह के ऊपर एक फूली हुई लता की शाखा पड़ी हुई हिल रही है। कैसा स्वर मिला है यह भी उसी पंचम कुहुक स्वर से बँधा हुआ है। कोयल ने फिर एक

वृक्ष के ऊपर गाया— "कू-कू"। उस समय रोहिणी सरोवर की सीढ़ियों से उतर रही थी। रोहिणी सीढ़ी से उतरकर कलसी जल में डुबाकर रोने के लिए वहीं बैठ गई।

क्यों रोने के लिए बैठी, मैं नहीं जानता। स्त्रियों के मन की बात मैं कैसे बता सकता हूँ? लेकिन मुझे सन्देह है कि शायद इसी दुष्ट कोयल ने रोहिणी को रुलाया है।

सातवाँ परिच्छेद

वारुणी पुष्करिणी की बात उठाकर मैं बड़े झंझट में पड़ गया। मैं उसका वर्णन पूरा कर नहीं पाता हूँ। पुष्करिणी खूब बड़ी है, नीले शीशे पर घास का फ्रेम चारों तरफ जड़ा हुआ है। उस घास के फ्रेम के ऊपर एक और बाग का फ्रेम है—पुष्करिणी के चारों तरफ बाबू लोगों का बगीचा है उद्यान के वृक्षों का और चहारदीवारी का अन्त नहीं है। वह फ्रेम विविध रंगमय लाल, काले, गुलाबी, सफेद, नीले, पोले, तरह-तरह के फूलों द्वारा मीना किया हुआ है। डूबते हुए सूर्य की रोशनी में, बीच-बीच में बैठकखाना और मकान जड़े हुए हीरे की तरह चमक रहे हैं और माथे के ऊपर आकाश, वह भी मानो उसी बाग के फ्रेम से सम्बद्ध है वह भी एक नीला आकाश, बगीचे का वह नीला फ्रेम और वह पास का फ्रेम—फूल, फल, वृक्ष, मकान, सब उसी नीले जल के दर्पण में प्रतिबिम्बित हो रहे थे। बीच-बीच में वहीं कोकिल की पुकार! यह सब तो समझा जा सकता है किन्तु उस आकाश, उस तालाब और उस कोयल के गाने के साथ रोहिणी के मन का क्या सम्बन्ध है यही मैं समझ नहीं पाता। इसलिए कहता है कि इस तालाब के वर्णन से मैं बड़े झंझट में पड़ गया।

मैं भी झंझट में पड़ा और गोविन्दलाल भी बड़े झंझट में पड़े। गोविन्दलाल उस फूली हुई लता की आड़ से देख रहे थे कि रोहिणी सीढ़ी से उतरकर अकेली बैठकर रो रही है। गोविन्दलाल ने मन में समझा कि पड़ोस की किसी स्त्री से झगड़ा होने के कारण रोहिणी बैठकर रो रही है। किन्तु गोविन्दलाल के इस अनुमान पर निर्भर नहीं रहा जा सकता। रोहिणी रो रही थी।

नहीं बता सकता कि रोहिणी क्या सोच रही थी। लेकिन जान पड़ता है, सोचती थी कि मेरे भाग्य में किस अपराध से यह बालवैधव्य बँधा था मैने दूसरों की अपेक्षा ऐसा कौन-सा भारी अपराध किया था कि इस पृथ्वी का कोई सुख भोग न सकी? किस पाप के कारण मुझे यह यौवन रहते हुए दुखी लड़की की तरह इस जीवन को बिताना पड़ रहा है। जो लोग इस जीवन के सारे सुखों से सुखी हैं—मान लो, यह गोविन्दलाल की स्त्री है किस पुण्य फल से उनके भाग्य में यह सुख है और मेरे भाग्य में शून्य है।

हटाओं—दूसरे का सुख देखकर मैं कातर नहीं हूँ लेकिन मेरी सारी राहे बन्द क्यों हैं? मैं इस कष्टमय जीवन को रखकर क्या करूँगी?"

तो, हमने तो कह दिया रोहिणी अच्छी स्त्री नहीं है। देखो, इसी में कितनी बड़ी प्रतिहिंसा है! रोहिणी में अनेक दोष हैं—उसका रोना देखकर क्या रुलाई आती है? नहीं आती! किन्तु इतना विचार अच्छा नहीं दूसरों की रुलाई देखकर रोना ही अच्छा है। देवता लोगों के बादल सूखे खेत देखकर वृष्टि करने से रुक नहीं सकते।

तो, तुम लोग भी रोहिणी के लिए एक बार आह भरो। देखो, बेचारी अभी भी घाट पर बैठी रो रही है। सूनी कलसी जल पर हवा की गति पाकर नाच रही है।

अन्त में सूर्य अस्त हुए, धीरे-धीरे सरोवर के नीचे जल पर काली छाया पड़ी। अन्त में अँधेरा हो आया। पक्षी उड़-उड़कर पेड़ की डालियों पर आश्रय लेने लगे। गायें अपने-अपने घर की तरफ चली गयीं। ऐसे समय चन्द्रोदय हुआ अन्धकार पर हलकी रोशनी फैली। अभी भी रोहिणी घाटपर बैठकर रो रही थी उसकी कलसी उस समय भी जल पर तैर रही थी। गोविन्दलाल ने बाग से घर की तरफ जाते समय देखा, उस समय भी रोहिणी घाट पर बैठी थी।

इतनी देर तक अबला अकेली बेटी रो रही है यह देखकर उन्हें दुःख हुआ। तब उन्होंने सोचा कि यह स्त्री सच्चरित्रा हो, चाहे दुश्चरित्रा यह जगत्पिता द्वारा प्रेरित एक संसार-पतंग है मैं उन्हीं के द्वारा भेजा हुआ एक संसार-पतंग हूँ, अत: यह मेरी भगिनी स्वरूपा है मैं यदि इसका दुःख दूर कर सकूँ तो क्यों न करूँ?

गोविन्दलाल धीरे-धीरे सीढ़ी उतरकर रोहिणी के पास जाकर उसकी बगल में चम्पकनिर्मित मूर्ति की तरह चम्पकवर्ण चन्द्र-किरण में जा खड़े हुए। रोहिणी देखकर चिहुँक गयी।

गोविन्दलाल ने पूछा—"रोहिणी! तुम इतनी देर तक अकेली बैठकर रो क्यों रही हो?"

रोहिणी उठकर खड़ी हो गयी, लेकिन चुप रही।

गोविन्दलाल ने फिर पूछा तुम क्या दुःख है क्या मुझे न बताओगी? शायद मैं कोई उपकार कर सकूँ!"

जो रोहिणी हरलाल के सामने वाचाल की तरह बातें कर रही थी। गोविन्दलाल के सामने वही रोहिणी एक शब्द बोल न सकी। कुछ न बोली, गढ़ी हुई पुतली की तरह तालाब की सीढ़ी की शोभा बढ़ने लगी। गोविन्दलाल ने स्वच्छ सरोवर

के जाल में उस 'भास्करकीर्तिकल्प' समान मूर्ति की छाया देखी पूर्णचन्द्र की छाया देखी और फुले हुए पेड़ों की सुनहरी छाया देखी। सब कुछ सुन्दर है, कुरूप केवल निर्दयता ही है। सृष्टि

करुणामयी है—निर्मम मनुष्य है। गोविन्दलाल ने प्रकृति के स्पष्ट अक्षरों को पढ़ा। उन्होंने रोहिणी से फिर कहा—"तुम्हें यदि किसी तरह का कष्ट हो, तो आज या कल मुझसे कहना। यदि स्वयं न कह सकती हो, तो हम लोगों के घर की स्त्रियों से कह लेना।"

अब रोहिणी, बोली, उसने कहा—"किसी दिन कहँगी आज नहीं। एक दिन तुम्हें मेरी बात सुननी होगी।"

गोविन्दलाल ने स्वीकार कर घर की राह ली। रोहिणी ने जल में उतरकर कलसे को पकड़ा, उसमें कल भरा—तब कासी ने वक-गण-गत शब्द कर बहुत आपत्ति की। मैं जानता हूँ कि सूनी कलमी में जल भरने पर कालसी के समान ही नारी का मन भी भरकर छलकने लगता है। कलसी जल से भर जाने पर रोहिणी न घाट की सीढ़ियाँ चढ़कर अपने गीले वस्त्र निचोड़े और उससे अपनी देह पोंछकर धीरे-धीरे घर की तरफ चली। उस समय चलत-उल-ढाक-झिमिक-ठिमिक-ठिन बोलती हुई कलसी और कलसी के जल से भींगे रोहिणी के मन से कथोपकथन होने लगा। रोहिणी का मन भी उसी कथोपकथन में मिल गया।

रोहिणी के मन ने कहा वसीयत चोरी करने का काम था।

जल बोला—खलात।

रोहिणी का मन यह काम अच्छा नहीं हुआ!

घड़े ने कहा—ठिन-ठिना-ना! ना!

रोहिणी का मन अब उपाय? कालसी ठनकटनटन उपाय है मेरे साथ रस्सी बाँधकर।

आठवाँ परिच्छेद

रोहिणी आज जल्दी-जल्दी रसोई बनाकर, ब्रह्मानन्द को भोजन करा, स्वयं अनाहार रहकर सोने के बहाने अपने घर के दरवाजे बन्द कर लेट रही सचमुच सोने के लिए नहीं, चिन्ता के कारण।

तुम दार्शनिक और वैज्ञानिक लोग अपना अभिमत थोड़ी देर के लिए परित्यागकर मेरी एक मोटी बात सुन लो। समिति नाम की देवकन्या और कुमति नाम की एक राक्षसी, दोनों हमेशा मनुष्य के हृदय में रहती हैं—साथ ही सभी आपस में लड़ा करती हैं। जैसे दो बाघिनें मरी हुई गौ के लिए आपस में लड़ती हैं, जैसे स्यारिनें मून देह के लिए विवाद करती है—यह दोनों जीवित

मनुष्य को पाकर जैसा ही आचरण करती हैं। आज सोन वाले कमरे में रोहिणी को पाकर दोनों का वैसा ही घोर विवाद आरम्भ हुआ।

सुमति कहती थी—"ऐसे आदमी का भी भला कहीं सर्वनाश किया जाता है?" कुर्मान—वसीयतनामा तो हरलाल को दिया नहीं, सर्वनाश कैसे किया? सुमति कृष्णकान्त का वसीयतनामा कृष्णकान्त को लौटा दो। कुर्मान—वाह! कृष्णकान्त जब मुझसे पूछेगे—"यह वसीयत तुमने कहाँ पायी, और मेरे दराज में से इसकी एक जाती वसीयत कहाँ से आजमी हो मैं क्या कहूँगी? कैसी मजे की बात है! काका को और मुझे दोनों को जेल जाने के लिए कहती हो?

सुमति—तो क्यों नहीं सारी बातें गोविन्दलाल के सामने कहकर, रोकर उनके पैर पर गिरती? वह दयालु है, अवश्य हमारी रक्षा करेंगे।

कुमति—"यह बात हुई! लेकिन गोविन्दलाल को तो सारी बातें खोलकर कृष्णकान्त के सामने बतानी पड़ेगी, नहीं तो वसीयत की बदली कैसे होगी। कृष्णकान्त यदि थाने में दे दें, तो गोविन्दलाल हमें कैसे बचा सकते हैं? बल्कि एक दूसरा परामर्श है अभी चुपचाप बैठो पहले कृष्णकान्त मरे—इसके बाद तुम्हारे परामर्श के अनुसार गोविन्दलाल के पास जाकर रोते हुए पैरों पर गिर पड़ना। तब उन्हें वसीयत भी दे दूँगी।"

सुमति—"उन्हें तब देना व्यर्थ होगा। जो वसीयत कृष्णकान्त के घर में पायी जाएगी, वही सच्ची समझकर ग्रहण की जा सकेगी। गोविन्दलाल जो वसीयत निकालेंगे, उस पर जाली होने का अपवाद आ सकेगा।"

कुमति—फिर चुपचाप बैठ जो होना था, सो हो गया।

अत: सुमति चुप हो गयी, उसकी पराजय हो गयी। दोनों आपस में संधि कर सखीरूप से एक कार्य में प्रवृत्त हुई। दोनों ने उसी सरोवर तीर पर बैठी, चन्द्रालोक से प्रतिभासिन, चम्पकदाम—विनिर्मित देव—मृति को सामने लाकर, रोहिणी के मानसचक्षु के सामने उपस्थित किया। रोहिणी उसे देखने लगी, देखते-देखते रोने लगी। रोहिणी उस रात सो नहीं सकी।

नौवाँ परिच्छेद

उसी दिन से रोज कलसी बगल में दबाकर रोहिणी वारुणी पुष्करिणी से जल लाने के लिए जाती है। नित्य कोयल बोलती है—नित्य वही गोविन्दलाल को पुष्पोद्यान में देखती है। नित्य सुमति-कुमति में सन्धि-विग्रह दोनों ही घटनाएँ घटती हैं। सुमति-कुमति का सद्भाव

बहुत ही भयावह है। उस समय सुमति कुमति का रूप धारण करती है और कुमति सुमति का। उस समय सुमति कौन है नहीं जाना जा सकता। लोग सुमति समझकर कुमति के वश में हो जाते हैं। पहचाना

जो हो, कुमति हो चाहे सुमति हो। गोविन्दलाल का रूप रोहिणी के हृदयपट पर बड़े गहरे रंग में रंगने लगा। अन्धकार चित्रपट उज्जवल चित्र। दिल पर चित्र उज्जवलतर होने लगा और चित्रपट पर घना अन्धकार आने लगा। उस समय संसार उसकी आँखों में जाने दो, पुरानी बातें उठाने से फायदा नहीं। रोहिणी सहसा गोविन्दलाल के प्रति मन-ही-मन, छिपे हुए प्रणयासक्त हो गयी।

मैं नहीं बता सकता कि इतने दिनों बाद उसकी ऐसी दशा क्यों हुई समझा भी नहीं जा सकता। यही रोहिणी, इन्हीं गोविन्दलाल को बचपन से देखती आती है कभी उनके प्रति रोहिणी का चित्त आकृष्ट नहीं हुआ। आज एकाएक ऐसा क्यों? नहीं जानता। जो-जो घटनाएँ हुई, उन्हें बता चुकी हूँ। उस पाजी कोयल की कूक, वह तालाब किनारे का रोना, वह समय, वह स्थान, वह छिन्नपात, उस पर गोविन्दलाल की असामयिक करुणा—फिर गोविन्दलाल के प्रति रोहिणी का निरपराध अन्यायाचरण—इन सब बातों से कुछ दिनों से रोहिणी के मन में गोविन्दलाल स्थान पा रहे थे। उससे क्या होगा या न होगा मैं नहीं जानता जो घटनाएँ घटी है। मैं वैसा ही लिख रहा हूँ।

रोहिणी बड़ी बुद्धिमती थी। मजे में समझ गयी कि ये सब विनाशकारी बातें हैं। यदि गोविन्दलाल अणुमात्र भी जान पाये तो कभी उस पर अपनी छाया तक पड़ने न देंगे। शायद गाँव से बाहर निकलवा भी दें! किसी के सामने ये बातें कहने की भी नहीं है। रोहिणी ने बड़े यत्न से मन की बात मन में ही छिपा रखी। लेकिन छिपायी हुई आग जैसे भीतर से उसे जलाती है, रोहिणी के चित्त में भी वही होने लगा। जीवन का भार वहन करना रोहिणी के लिए कठिन हो गया। मन-ही-मन रोहिणी रात-दिन, मृत्यु-कामना करने लगी।

कितने ही लोग मन-ही-मन मृत्यु-कामना करते हैं, इसकी गिनती कौन रख सकता है! हमारा तो खयाल है कि जो सुखी हैं और जो दुःखी हैं, उनमें अनेक ही कामनोवाक्य से मृत्यु-कामना करते हैं। इस पृथ्वी का सुख, सुख नहीं हैं। सुख भी दुखमय है। किसी भी सुख से सुख नहीं होता, कोई सुख सम्पूर्ण नहीं—इसीलिए अनेक सुखी जन मृत्यु-कामना करते हैं। फिर, दुखी तो अपने दुखमय जीवन के बोझ को न सह सकने के कारण मरना चाहते ही है। वे मौत को बुलाते हैं, लेकिन ऐसे कहीं मौत आती है? बुलाने से मौत नहीं आती। जो सुखी है, जो मरना नहीं चाहते, जो सुन्दर है, जो युवक है, जो आशावान है, जिनकी आँखों में पृथ्वी नन्दन-कानन है मौत उन्हीं

के सामने आती हैं। रोहिणी जैसियों के सामने है, जिनकी आँखों में पृथ्वी नन्दन-कानन हैं मौत उन्हीं के सामने आती है, रोहिणी जैसियों के सामने नहीं आती। इधर मनुष्य की शक्ति भी ऐसी अल्प है कि मृत्यु को वह बुला नहीं सकता। एक छोटी सूई के गड़ाने से और आधा बूँद दवा गले में उतारने से ही यह नश्वर जीवन समाप्त हो सकता है यह चंचल जलबिम्ब काल-सागर में मिल सकता है किन्तु आतरिक मृत्यु-कामना करने पर भी कोई इच्छापूर्वक सूई गड़ा नहीं सकता और न तो आधा बूँद दवा ही गले से उतार सकता है। कोई-कोई बिरले ही ऐसा कर सकते हैं। लेकिन रोहिणी उनमें नहीं है रोहिणी वह कर न सकी।

लेकिन एक बात के लिए रोहिणी कृतसंकल्प हुई—जाली वसीयत चलने न पाएगी। इसका एक सहज उपाय था—कृष्णकान्त से कहना या किसी के द्वारा कहलाना कि आपकी वसीयत चोरी चली गयी है—दराज खोलकर जो वसीयत वहाँ रखी है। उसे पढ़कर देख लीजिये। रोहिणी ने चोरी की, इसे भी प्रकट करने की जरूरत नहीं किसी ने भी चोरी की, कृष्णकान्त के मन में एक बार संदेह होते ही वे सन्दुक खोलकर वसीयत पढ़ेंगे और यह वाली वसीयत देखते ही वे नयी वसीयत तैयार करेंगे। गोविन्दलाल की सम्पत्ति की रक्षा भी होगी और कोई जान भी न पाएगा कि वसीयत किसने चोरी की थी। किन्तु इसमें भी एक विपद् है कृष्णकान्त जाली वसीयत पढ़ते ही जान जाएँगे कि यह भी ब्रह्मानन्द के हाथ की लिखी हुई है उस समय ब्रह्मानन्द महाविपद् में पड़ सकते हैं। अतएव दराज में जाली वसीयत है, यह किसी तरह भी प्रकट नहीं किया जा सकता।

अतएव हरलाल के बहकावे में रोहिणी ने जो गोविन्दलाल का भारी अनिष्ट कर रखा था, उसके प्रतिकार के लिए विशेष चिन्तित होकर भी अपने चाचा की रक्षा के खयाल से वह कुछ भी न कर सकी। इसलिए उसने अब निश्चय किया कि जिस तरह असली वसीयत चोरी करके उसने जाली वसीयत रखी थी। उसी तरह जाली वसीयत चोरी कर असली वसीयत वहाँ रखनी होगी।

एकान्त रात में सुन्दरी रोहिणी असली वसीयत अपने पास छिपाकर, बड़ा साहस बटोरकर अकेली कृष्णकान्त राय की कोठरी में पहुँचने के लिए चली। खिड़की-दरवाजा सब बन्द थे।, सदर फाटक पर दरबान चारपाई पर सोया हुआ, अधर्मुदे नेत्रों से, फँसे हुए गले से पीलू रागिनी का तितृश्राद्ध कर रहा था। रोहिणी वहीं जा पहुँची। दरबान ने पूछा— "कौन है?" रोहिणी ने जवाब दिया—"सखी"। सखी उस घर की एक युवती नौकरानी थी अत: दरबान फिर कुछ न बोला। रोहिणी निर्विघ्न प्रवेश कर पूर्वपरिचित राह से कृष्णकान्त राय की कोठरी के पास पहुँची। मकान सुरक्षित समझकर कृष्णकान्त राय के कमरे का दरवाजा रात में बन्द न होता था। प्रवेश

के समय कान लगाकर रोहिणी ने सुना कि कृष्णकान्त राय की नाक बिना बाधा के गर्जन कर रही थी। तब धीरे-धीरे वसीयत चोर बिना शब्द किये कमरे में घुसा। प्रवेश करते ही पहले उसने दिया बुझा दिया। बाद में पहले की तरह उसने चाबी की चोरी की तथा पहले की तरह ही अन्धेरे में लक्ष्य कर दराज खोला।

रोहिणी बहुत ही सावधान थी, उसके हाथ बड़ी कोमलता से चल रहे थे। फिर भी चाभी घुमाने में 'खस' करके आवाज हुई। उसी आहट से कृष्णकान्त की नींद खुल गयी।

कृष्णकान्त ठीक समझ न सके कि कैसी आहट हुई। कोई आवाज उन्होंने न की; कान लगाकर सुनने लगे।

रोहिणी ने भी सुना कि नासिका-गर्जन का शोर बन्द हो गया है। वह समझ गयी कि कृष्णकान्त की नींद खुल गयी है। रोहिणी भी निःशब्द स्थिर हो रही।

कृष्णकान्त बोले—"कौन है?" किसी ने उत्तर न दिया।

वह रोहिणी अब न रही। इस समय रोहिणी परेशान, दुखी और विवश थी; मालूम होता है—बहुत डर गयी थी। थोड़ी-थोड़ी श्वास की ध्वनि हो रही थी। श्वास-प्रश्वास की वह ध्वनि कृष्णकान्त के कान में गयी।

कृष्णकान्त ने हरि को कई आवाजें दीं। रोहिणी ने सोचा कि इस समय मैं भाग सकती हूँ, किन्तु ऐसा होने पर कृष्णकान्त का प्रतिकार नहीं होता। रोहिणी ने मन-ही-मन सोचा—"दुष्कर्म के लिए उस दिन मैने जैसा साहस किया था। आज सत्कर्म के लिए वह क्यों न करूँ? गिरफ्तार होऊँगी तो हो जाऊँ!" रोहिणी भागी नहीं।

कृष्णकान्त ने कई बार हरि को बुलाकर कोई उत्तर न पाया। हरि कहीं और सुख की खोज में गया हुआ या शीघ्र ही आएगा। तब कृष्णकान्त ने तकिये के नीचे से सलाई निकालकर अपने हाथों जलायी। सलाई की रोशनी में उन्होंने देखा कि घर में दराज के पास एक स्त्री खड़ी है।

सलाई से कृष्णकान्त ने दिया जलाया। स्त्री को सम्बोधन करते हुए उन्होंने पूछा—"तुम कौन हो?"

रोहिणी कृष्णकान्त के पास चली गई। फिर बोली—"मैं रोहिणी हूँ।"

कृष्णकान्त बहुत विस्मित हुए, बोले—"इतनी रात को अँधेरे में यहाँ क्या कर रही थी?"

रोहिणी ने जवाब दिया—"चोरी कर रही थी।"

कृष्ण०—"मजाक छोड़ो! इस अवस्था में मैं तुम्हें क्यों पाता हूँ, कहो? तुम चोरी करने आयी हो, इस पर सहसा मुझे विश्वास नहीं होता। किन्तु चोरी की अवस्था में ही मैं तुम्हें देख रहा हूँ।"

रोहिणी बोली—"तब मैं जो करने आयी हूँ, उसे आपके सामने ही करती हूँ, देखिये! इसके बाद मेरे लिए जो उचित व्यवहार हो, सो करें। मैं पकड़ी गयी हूँ, भाग न सकूँगी न भागूँगी।"

यह कहकर रोहिणी दराज के पास लौट आई और उसने खींचकर दराज खोला, उसके अन्दर से जाली वसीयत बाहर निकालकर असली वसीयत उसकी जगह रख दी। इसके बाद उसने जाली वसीयत टुकड़े-टुकड़े कर फाड़ फेंकी।

"हाँ-हाँ यह क्या फाड़ी हो? देखें-देखें—कहते हुए कृष्णकान्त चीख पड़े। किन्तु उनके चीखते-चीखते रोहिणी ने उस टुकड़े-टुकड़े किये हुए कागज को अग्नि-समपर्ण कर भस्म कर दिया।

कृष्णकान्त ने क्रोध से आँखें लाल कर कहा—"यह क्या जलाया?"

रोहिणी—"एक नकली वसीयत।"

कृष्णकान्त सिहर उठे, बोले—"वसीयत? कैसी वसीयत मेरी वसीयत कहाँ है?"

रोहिणी—"आपकी वसीयत दराज के अन्दर है, आप देखिये न!"

इस युवती की स्थिरता-निश्चिन्तता देखकर कृष्णकान्त विस्मित होने लगे। उन्होंने सोचा—"कोई देवता छल करने के लिए तो नहीं आये हैं!"

इसके उपरान्त कृष्णकान्त ने दराज खोलकर देखा, उसमें एक वसीयत रखी हुई थी। उन्होंने उसे निकाला, चश्मा लगाया, फिर उसे पढ़कर देखा कि वस्तुत: यह उनकी असली वसीयत है। आश्चर्य के साथ उन्होंने फिर पूछा—"तो तुमने जलाया क्या?"

रो०—एक जाली वसीयत।

कृ०—"जाली वसीयत किसने बनायी? तुमने उसे वहाँ कैसे पाया?"

रो०—"किसने बनायी, मैं बता नहीं सकती किन्तु उसे मैने दराज के अन्दर पाया है।"

"तुमने किस तरह पता पाया कि दराज के भीतर जाली वसीयत है।"

रो०—"यह मैं बता नहीं सकती।"

कृष्णकान्त कुछ देर तक सोचते रहे। अन्त में उन्होंने कहा—"यदि मैं तुम जैसी क्षुद्र बुद्धि की स्त्री के मन में प्रवेश न कर पाया तो इतनी सम्पत्ति की रक्षा करके मैने क्या किया! यह जाली वसीयत हरलाल के द्वारा तैयार की हुई है। मालूम होता है। तुम उससे घूस लेकर असली वसीयत लेने और जाली वसीयत रखने के लिए आयी थी। इसके बाद पकड़े जाने के भय से जाली वसीयत फाड़कर जला दी है। ठीक बात है या नहीं?"

रो०—"ऐसी बात नहीं है।"

कृ०—"यदि ऐसा नहीं है, तो क्या बात है?"

रो०—"मैं कुछ न बताऊँगी। मैने आपके घर में चोर की तरह प्रवेश किया है. आप जो चाहे करें!"

कृ०—"इसमें संदेह नहीं कि तुम अपराध करने आयी थी नहीं तो चोरों की तरह क्यों आती? तुम्हें उचित दण्ड अवश्य दूँगा। तुम्हें पुलिस में न दूँगा, लेकिन कल माथा मुड़ाकर और कालिख पोतवाकर तुम्हें गाँव के बाहर करा दूँगा। आज तुम कैद में रहो।"

रोहिणी उस रात एक कोठरी में बन्द रही।

दसवाँ परिच्छेद

उसी रात के सबेरे अपने शयन-गृह के खुले दरवाजे के सामने गोविन्द लाल खड़े थे। एकदम सबेरा नहीं हुआ था। कुछ बाकी था। अभी भर गृहप्रांगण के कामिनीकुंज में कोकिल की पहली पुकार नहीं पड़ी नहीं हुआ था। कुछ बाकी था। अभी भरी गृहप्रांगण के कामिनीकुंज में कोकिल की पहली पुकार नहीं पड़ी थी। जॉन के गीत आरम्भ हो गये थे। उषाकाल की ठण्डी वायु बह रही थी गोविन्दलाल खिड़की खोलकर पीछे के उद्यान में फूले हुए पुष्पों मल्लिका गन्धरात्र-क्टव के सौरभ से सनी शीतल प्रात:कालीन।

गोविन्दलाल ने कहा—"फिर तुम यहाँ क्यों?"

बालिका ने भी जवाब दिया—"तुम यहाँ क्यों" कहना न होगा। यही बालिका गोविन्दलाल की स्त्री है।

गोविन्द०—"मैं जरा हवा खाने के लिए आया यह भी तुमसे सहा न गया?"

बालिका ने कहा—"अभी ही क्यों बार-बार खाइये पर बाग-बगीचों की हवा खाने के लिए ताक लगा रहे है।" घर की चीजें खाकर मन नहीं भरता।

गो०—"घर की चीजें मैन कौन सी खाई।

बालिका—"क्यों? अभी तो मुझसे गाली खा चुके हो!"

गो०—"तुम नहीं जानती, भोमर! गाली खाने से यदि बंगाली लड़कों का पेट भरता, तो इस देश के लोग बदहजमी से परिवार सहित मर गये होते। वह चीज जो बड़ी आसानी से बंगालियों के पेट में हजम हो जाती है। भोमर! एक बार तुम अपनी नथिया हिलाओ, तो मैं और जग देखें!"

गोविन्दलाल की स्त्री का वास्तविक नाम कृष्णमोहिनी, कृष्णकामिनी या अनंगमंजरी, कुछ ऐसा ही उसके माता-पिता ने रखा था इतिहासकारों ने लिखा नहीं। अनुपयुक्त होने के कारण वह नाम लुप्त हो गया था। उसका प्यार का नाम 'भ्रमर' या 'भोमर' है। सार्थकता के कारण यही नाम प्रचलित हो गया, क्योंकि भोमर साँवली है।

भोमर ने नथिया हिलाने में विशेष आपत्ति दिखाकर अपनी नथिया उतारकर एक खूँटी पर टांग दी और गोविन्दलाल की नाक पकड़कर उसने हिला दिया। इसके बाद गोविन्दलाल का चेहरा देखती हुई वह मृदु हँसी से हँसने लगी मन-ही-मन समझी कि मैने बड़ा भारी काम किया है। गोविंदलाल भी उसके चेहरे की तरफ अतृप्त आँखों से देखते रह गये। ऐसा ही समय पूर्व-गगन में भगवान सूर्य की प्रथम रश्मि फूटी, उनकी हलकी रोशनी से भूमंडल आलोकित हुआ। वह मधुर ज्योति पूर्वाभिमुखी भ्रमर के मुखमंडल पर आकर पड़ी। उस उज्ज्वल, स्वच्छ कोमल मुख की श्यामल छवि पर कोमल प्रभातालोक पड़कर बड़ी-बड़ी लीलाचंचल आँखों को चमकाने लगा उसका स्निग्ध-उज्जवल कपोल प्रभासित हो उठा। उसकी हँसी कटाक्ष में, उस मोहिनी में; गोविन्दलाल के स्नेह में और प्रभात-वायु में मिल गयी।

इसी समय सोकर उठी हुई दासियों के आवास से हलचल की आवाज सुनाई दी। इसके बाद ही झाड़ू देने, बरतन माँजने, पानी छिड़कने की सप्-सप्, धप-धप, झन्-झन्, खन्-खन की आवाजें होने लगीं। अकस्मात वह सब आवाजें बंद होकर "अरे राम! क्या होगा! क्या किया? केसी शैतान है!" बीच-बीच में हँसी-टिटकारी आदि हलचल के शब्द सुनाई दिये। सुनकर भ्रमर बाहर गयी।

दासियाँ भ्रमर से बहुत नहीं डरती, इसके कई कारण है—एक तो अभी भ्रमर स्वयं लड़की है, दूसरे स्वयं मालकिन नहीं है मालकिन अभी सास-ननद हैं उस पर भ्रमर अपनी हँसी में जितनी पटु है, उतनी शासन में नहीं। भ्रमर को देखकर दासियाँ और चढ़-बढ़ गयीं।

नं० 1—"अरे सुना, बहूजी?"

नं० 2—"ऐसी सर्वनाशी बात किसी ने कभी सुनी न होगी।"

नं० 3—"कैसा साहस है! हरामजादी को अभी झाड़ू लगाऊँगी।"

नं० 4—"सिर्फ झाड़ू बहुजी? कहो तो मैं उसकी नाक काट आऊँ।"

नं० 5—"अरे राम! किसके पेट में क्या है कैसे जान पड़े भगवान!"

भ्रमर ने हँसकर कहा—"पहले बता तो सही, क्या हुआ? फिर जिसके जो मन में आए करना। इसके बाद ही फिर वही हलचल होने लगी।

नं० 1 ने कहा—"सुना नहीं? तमाम मुहल्ले में शोर हो गया कि।

नं० 2 ने कहा—"बाघ की माँद में स्यारनी घुसी!"

नं० 3—"हरामजादी को झाड़ू मारकर उसका सारा जहर उतार दूँगी।"

नं०4—"क्या कहें, बहुजी! बौनी होकर चाँद छूती है!"

नं० 5—"भीगी बिल्ली पहचान नहीं पड़ती। गले में फाँसी लगा दो, फाँसी!"

भ्रमर ने कहा—"तुम लोगों के गले में?"

इस पर सब दासियाँ एक स्वर से बोल उठीं क्या? समझ गयी! दोष चाहे जो करे—"हमारा क्या कसूर है? हम लोगों ने क्या आकर पड़े, हमलोगों के ऊपर। हम लोगों को और उपाय नहीं है। क्या करें!"

यह कह कर उसमें की दो-एक आँखों पर कपड़ा लगाकर लगी रोने। एक को मरे हुए लड़के का दुःख याद आया। भ्रमर बहुत परेशान हो उठी, लेकिन अपनी हँसी भी रोक न सकी। बोली—"तुम लोगों के गले में फाँसी इसीलिए कि तुम सब अभी तक यही न बता सकी कि क्या हुआ है, बात क्या है?"

इस पर चारों तरफ से फिर चार-पाँच गले की आवाजें सुनाई पड़ीं। बड़े कष्ट से भ्रमर उस अनंत वक्तृता से समझ पायी कि मालिक की कोठरी में रात को चोरी हुई है। किसी ने कहा चोरी नहीं डकैती! किसी ने कहा—संघ किसी ने कहा नहीं, चार-पाँच चोरों ने आकर लाखों रुपये के कम्पनी के कागज ले लिये।

भ्रमर ने कहा—"तब किस हरामजादी की बात कह रही थी?"

नं० 1—"रोहिणी ब्राह्मणी की और किसकी?"

नं० 2—"वही हरामजादी तो सर्वनाश की जड़ है।"

नं० 3—"वही तो डाकुओं का दल लेकर आयी थी।"

नं० 4—"जैसा कर्म है, वैसा ही फल!"

नं० 5—"अब मरे, जेल में जाकर!"

भ्रमर ने पूछा—"तुम लोगों ने कैसे जाना कि रोहिणी चोरी करने के लिए आयी थी।"

"क्यों" वह पकड़ी गई कचहरी की जेल में बन्द है।"

भ्रमर ने जो कुछ सुना, गोविन्दलाल से जाकर कहा। गोविन्दलाल ने विचारकर माथा हिलाया।

गो०—"मुझे विश्वास नहीं कि रोहिणी चोरी करने आयी थी। तुम्हें विश्वास होता है?"

भ्रमर ने कहा—"नहीं!"

गो०—"बताओ तो सही, क्यों नहीं विश्वास होता?"

भ्रमर—"बताओ तो, तुम क्यों नहीं विश्वास करते?

गो०—"वह बाद में बताऊँगा। पहले तुम बोलो विश्वास क्यों नहीं होता?"

भ्रमर—"पहले तुम बताओ।"

गोविन्दलाल हँसे, बोले—"पहले तुम।"

भ्रमर—"क्यों पहले बताएँ ?"

गो०—"मैं सुनना चाहता हूँ।"

भ्रमर—"सच बताएँ?"

गो०—"हाँ, सच कहो!"

भ्रमर कहने को उद्यत होकर भी कह न सकी, लज्जा से नीचा मुँह किये खड़ी रही।

गोविन्दलाल समझ गये। पहले ही समझ चुके थे पहले समझकर भी इतना जबरदस्ती पूछना चाहते थे। रोहिणी निरपराधिनी है। भ्रमर को इसका दृढ विश्वास था अपने अस्तित्व में जितना विश्वास हो सकता है। भ्रमर को उसकी निर्दोषिता में उतना ही विश्वास था। किंतु उस विश्वास का और कोई कारण न था। केवल इसलिए कि गोविन्दलाल कहते है—"मेरा विश्वास है कि वह निर्दोष है!" गोविन्दलाल का विश्वास ही भ्रमर का विश्वास है—गोविन्दलाल इसे समझ गये। वह भ्रमर को पहचानते हैं, इसलिए काली होने पर भी उससे प्रेम करते हैं।

हँसकर गोविन्दलाल ने कहा—"मैं बताता हूँ, क्यों तुम रोहिणी के पक्ष में हो?"

भ्रमर—क्यों?"

गो०—"वह तुम्हें काली न बताकर उज्जवल श्यामवर्ण बताती है।"

भ्रमर ने क्रोध से भौहें कुटिल कर कहा—"जाओ!"

गोविन्दलाल ने कहा—जायें?" यह कहकर गोविंदलाल उठकर चले गए।

भ्रमर ने कपड़ा पकड़कर कहा—"कहाँ जाते हो?"

गो०—"अच्छा बताओ, कहाँ जाता हूँ?"

भ्रमर अबकी बता दूँगी!"

गो०—"बताओ?"

भ्रमर—"रोहिणी को बचाने।"

"ठीक है"—कहकर गोविन्दलाल ने भ्रमर का मुँह चूम लिया। पर दुःख-कातर का हृदय पर दुःख-कातर ही समझ सकता है इसलिए गोविन्दलाल ने भ्रमर का मुँह चूम लिया।

ग्यारहवाँ परिच्छेद

गोविन्दलाल कृष्णकान्त राय की सदर कचहरी में जा पहुँचे!

कृष्णकान्त सबेरे ही कचहरी में आ बैठे थे। गद्दी पर मसनद लगाकर बैठे हुए वे सोने की चिलम में चढ़ी अम्बरी तंबाकू का आनन्द लेते हुए मृत्युलोक से स्वर्ग की तुलना कर रहे थे। एक तरफ राशि-राशि विद्वियों का बँधा बंडल, खाता-बही, जमा-खर्च की रोकड़-बही आदि-आदि दूसरी तरफ नायब, गुमास्ता, कारकून, तहसीलदार, अमीन, प्रजा आदि के लोग थे। सामने सिर नीच किये, घूँघट डाले रोहिणी बैठी।

गोविन्दलाल उनके बड़े प्यारे भतीजे थे। प्रवेश करते ही उन्होंने पूछा—"क्या हुआ, है, तायाजी?"

उनका कण्ठ-स्वर सुन, घूँघट निकाले हुए रोहिणी ने भीतर से ही उन पर एक कटाक्ष फेंका। कृष्णकान्त ने क्या उत्तर दिया, इस पर गोविन्दलाल ने विशेष ध्यान न दिया, सोचा—इस कटाक्ष के क्या माने? अन्त में उन्होंने अनुमान किया इस कातर कटाक्ष का अर्थ भिक्षा है!।"

कैसी भिक्षा? गोविन्दलाल ने सोचा दुःख की भिक्षा और क्या? विपद् से उद्धार के लिए। उस दिन तालाब की सीढ़ी पर खड़े होकर उससे जो बातें हुई थी, वह सब याद आयीं। गोविन्दलाल ने रोहिणी से कहा था—"यदि तुम्हें किसी बात की तकलीफ हो तो आकर मुझसे कहना।" आज तो रोहिणी पर कष्ट ही है। शायद वही इच्छा रोहिणी ने प्रकट की है।"

गोविन्दलाल ने मन-ही-मन सोचा तुम्हारा मंगल कर सकूँ, यही मेरी इच्छा है? क्योंकि देखता हूँ कि इस संसार में तुम्हारा कोई सहायक नहीं है। लेकिन तुम जैसे आदमी के हाथ में पड़ी हो, उससे तुम्हारी रक्षा सरल नहीं है! यही सब सोचते हुए गोविन्दलाल ने फिर कहा—"क्या हुआ है, तायाजी?"

वृद्ध कृष्णकान्त ने एकबार सारी बातें गोविन्दलाल से कह सुनायी थी, लेकिन गोविन्दलाल ने रोहिणी के कटाक्ष की व्याख्या में भूलकर कुछ नहीं सुना। भतीजे ने फिर पूछा—"क्या हुआ

है, तायाजी?" सुनकर वृद्ध ने मन-ही-मन सोचा—ठीक है! जान पड़ता है, लड़का हरामजादी के चन्द्रमुख के आगे सब भूल गया! अतः कृष्णकान्त ने फिर आद्योपांत सारी बातें गोविन्दलात को बतायी। समाप्त करते हुए बोले—"यह सब उसी 'हाँ' (हलाल) का पाकीपन है। मालूम होता है। यह हरामजादी तभी से कुछ रुपये पाकर आती वसीयत रखने और उसी वसीयत चोरी करने आयी थी। इसके बाद पकड़े जाने के डर से जाली वसीयत फाड़कर जला डाली।"

गे०—रोहिणी क्या कहती है?"

कृ०—वह क्या कहेगी? कहती है यह बात नहीं।"

गोविन्दलाल ने रोहिणी की तरफ देखकर कहा—"यह बात नहीं तो क्या बात है रोहिणी?"

रोहिणी ने बिना सिर उठाये ही भरे गले से कहा करना हो सो करिये। मैं और कुछ न कहूँगी', "मैं आप लोगों के हाथ में पड़ गई हूँ, जो चाहे करें।

कृष्णकान्त बोले—"देखा बदजातपन?"

गोविन्दलाल ने मन-ही-मन सोचा इस संसार में सब लोग बदजात नहीं है। इसके अन्दर बरुवाती छोड़कर और कुछ भी है। वे प्रकट रूप में बोले क्या थाने में भेजेंगे इसे—"इसके लिए क्या हुक्म दिया है आपने?

कृष्णकान्त ने कहा—"मेरे सामने थाना-फौजदारी क्या है? मै ही थाना हूँ, मैं ही मजिस्ट्रेट हूँ और मैं ही उष हूँ। खासकर इस नीच औरत को जेल भेजवाकर मेरा क्या पौरुष बढ़ेगा?"

गोविन्दलाल ने पूछा—"तो क्या करेंगे।"

कृ०—"इसका सिर मुंडवाकर कालिख पुतावाकर गाँव के बाहर निकलवा दूँगा। मेरे इलाके में रहने न पाएगी।"

गोविन्दलाल ने फिर रोहिणी की तरफ मुखातिब होकर कहा—"क्या कहती हो, रोहिणी?"

रोहिणी ने कहा—"क्या कहना है!"

गोविन्दलाल विस्मित हुए। कुछ सोचकर कृष्णकान्त एकान्त से बोले—"मेरी एक प्रार्थना है।

कृ०—"क्या?"

गो०—"इसे एक बार छोड़ दीजिये! मैं जमानत देता हूँ दस बजे फिर हाजिर कर दूँगा।"

कृष्णकान्त ने सोचा—"जान पड़ता है, वही बात है! बाबूजी की कुछ गरज है।" फिर प्रकट रूप में बोले—"कहाँ जाएगी? क्यों छोड़ें?"

गोविन्दलाल ने कहा—"असली बात क्या है, मालूम करना आवश्यक है। इतने लोगों के सामने यह असली बात प्रकट न करेगी। इसे एक बार अन्दर ले जाकर पूछेगा।"

कृष्णकान्त ने सोचा—"अपना सिर पूछोगे! आजकल के लड़के बड़े बेहया हो गये हैं। रहो बेटा! मैं भी तुम्हारे ऊपर एक चाल चलता हूँ।" यही सोचकर कृष्णकान्त बोले—"ठीक है!" फिर वे एक सिपाही से बोले—"देखा! इसे संग में लेकर एक मजदूरनी के साथ मंझली बहू के पास भेज तो दे। देख, भागने न पावे!

सिपाही रोहिणी को साथ लेकर चला गया। गोविन्दलाल भी चले गये। कृष्णकान्त ने सोचा दुर्गा! दुर्गा! लड़के को हो क्या गया है?"

बारहवाँ परिच्छेद

गोविन्दलाल ने अंतःपुर में आकर देखा कि रोहिणी को लेकर भ्रमर चुपचाप बैठी है। अच्छी बातें कहने की उसे इच्छा है, लेकिन इस सम्बन्ध में बातें करने पर रोहिणी को रुलाई आती है। इसलिए वह कुछ कह नहीं पाती है। गोविन्दलाल को आया देखकर भ्रमर ने जैसे कर्तव्य से छुट्टी पायी। शीघ्र ही दरवाजे आकर इशारे से उसने गोविन्दलाल को बुलाया। गोविन्दलाल भ्रमर के पास गये। भ्रमर ने गोविन्दलाल से चुपके से पूछा—"रोहिणी यहाँ क्यों आयी है?"

गोविन्दलाल ने कहा—"मैं एकान्त में उससे पूछूँगा। इसके बाद उसके भाग्य में जो होगा, वह होगा।"

भ्रमर—"क्या पूछोगे?"

गो०—"उसके मन की बात! मुझे अकेले छोड़ जाने में यदि डरती हो, तो न हो आड़ में खड़ी होकर सुनो।"

भ्रमर बड़ी अप्रतिभ हुई। लज्जा से नीचा सिर किये, वह अंचल पकड़ भागी एकदम रसोई घर में जा पहुँची। पीछे से रसोईदारिन महराजिन की चोटी पकड़कर खींचते हुए भ्रमर ने कहा—"महराजिन! रसोई करती हुई एक प्रेम-कहानी कहो न!"

इधर गोविन्दलाल ने रोहिणी से पूछा—"क्या यह सब वृत्तान्त मुझसे खोलकर कहोगी?"

कहने के लिए रोहिणी का पेट फटा पड़ता था। किन्तु जो जाति विधवा चिता पर चढ़ सकती है, रोहिणी भी उसी जाति की आर्यकन्या है। बोली—मालिक से सारी बाते तो सुन ही चुके हैं।"

गो०—"मालिक का कहना है कि तुम जाली वसीयत रखकर असली वसीयत चोरी करने गई थी। क्या बात है?"

रो०—"नहीं, ऐसा नहीं है।"

गो०—"तब क्या बात है?"

रो० "कहकर क्या होगा?"

गो०—"तुम्हारा भला हो सकता है।"

रो० "आप विश्वास करेंगे, तब तो!"

गो०—"विश्वास योग्य बात होने से क्यों न विश्वास करूँगा?"

रो०—"विश्वास योग्य बात नहीं है।"

गो०—"मेरे लिए क्या विश्वास योग्य है और क्या अविश्वास योग्य है, उसे मैं जानता हूँ। तुम कैसे जानोगी? मैं कभी-कभी अविश्वास योग्य बातों पर भी विश्वास करता हूँ।"

रोहिणी ने मन-ही-मन कहा—"नहीं तो मैं फिर तुम्हारे लिए, मरने क्यों बैठी हूँ! जो हो, मैं तो मरने बैठी हूँ; लेकिन तुम्हारी एक बार परीक्षा करके देखेंगे।" प्रकट में बोली—"यह आपकी महिमा है। लेकिन आप से यह दुःखद कहानी कहकर भी क्या करूँगी!"

गो०—"शायद मैं तुम्हारा कोई उपकार कर सकूँ!"

रो०—"क्या उपकार करेंगे आप?"

गोविन्दलाल ने सोचा—"यह बेजोड़ औरत है! जो हो यह कातर है, इसे सहज में ही परित्याग न करूँगा। प्रकट बोले—"हो सकेगा तो मालिक से प्रार्थना करूँगा" वह केवल तुम्हें निष्कासित ही कर देंगे।

रो०—"और यदि आप अनुरोध न करें, तो वे क्या करेंगे?"

गो—"सुन तो चुकी हो।

रो०—"मेरा सिर मुड़वा देंगे, कालिख पुतवा देंगे, गाँव से बाहर निकलवा देंगे इसमें भला-बुरा कुछ भी तो नहीं देख पाती हूँ। इस कलंक के बाद गाँव के बाहर निकाल देने में ही मेरी भलाई है। मुझे निकाल बाहर न करने पर मैं स्वयं ही यह गाँव त्यागकर चली जाऊँगी। अब इस गाँव में मुँह किस तरह दिखाऊँगी! कालिख पुतवाना कोई बड़ा दण्ड नहीं है धोने से ही धुल जाएगा। बाकी रहे ये 'बाल' यह कहकर रोहिणी ने एक बार अपने लहराते सरोवर के समान बालों को देखकर कहा—"यह केश आप कैंची लाइये मैं बहुजी के दरी बिनवाने के लिए इन सबको अभी काट देती हूँ।"

गोविन्दलाल बहुत दुखी हुए, ठण्डी साँस खींचकर बोले—"समझ गया रोहिणी! कलंक ही तुम्हारा दण्ड है। उस दण्ड से न बचने पर, दूसरे किसी दण्ड के लिए तुम्हें आपत्ति नहीं है।"

रोहिणी रो पड़ी हृदय में गोविन्दलाल को लाखों धन्यवाद देने लगी। वह बोली—"यदि समझ गये हैं तो मैं आपसे पूछती हूँ कि क्या इस कलंक-दण्ड से आप मेरी रक्षा कर सकेंगे?"

गोविन्दलाल ने कुछ देर विचारकर कहा—"कह नहीं सकता असली बात सुन लेने पर बता सकता हूँ कि रक्षा कर सकूँगा या नहीं।"

रोहिणी ने कहा—"क्या पूछना चाहते हैं, पूछिये!"

गो०—"तुमने जो कागज जलाया, वह क्या था?"

रो०—"जाली वसीयत।"

गो०—"तुम्हें यह कहाँ मिली थी?"

रो०—"मालिक के कमरे की दराज में।"

गो०—"जाली वसीयत वहाँ कैसे आयी?"

रो०—"मैं ही रख गयी थी। जिस दिन असली वसीयत की लिखा-पढ़ी हुई, असली वसीयत चोरी कर के जाली वसीयत रख गयी थी।"

गो०—"क्यों? तुम्हें क्या प्रयोजन था?"

रो०—"हरलालबाबू के अनुरोध से।"

गोविन्दलाल ने पूछा—"तब आधी रात को फिर क्या करने आयी थी?"

रो०—"असली वसीयत रखने और जाली वसीयत लेने।"

गो०—"क्यों? जाली वसीयत में क्या था?"

रो०—"बड़े बाबू के हिस्से में बारह आना और आपके हिस्से में एक पाई।"

गो०—"फिर वसीयत बदलने क्यों आयी? मैंने तो तुमसे कोई अनुरोध नहीं किया था!"

रोहिणी रोने लगी। बड़े कष्ट से रोना बन्द कर के बोली—"नहीं, अनुरोध नहीं किया था; लेकिन मैंने इस जन्म में जो कभी नहीं पाया और जिसे इस जन्म में कभी पा भी न सकूँगी आपने वही मुझे दिया है।

गो०—"वह क्या रोहिणी?"

रो०—"उसी वारुणी तालाब के किनारे याद कीजिये।

गो०—"क्या, रोहिणी?"

रो०—"क्या? इस जन्म में तो मैं नहीं बता सकती कि क्या! और कुछ न कहिये। इस रोग की कोई दवा नहीं है। मेरी मुक्ति नहीं होगी। मुझे जहर मिलता तो खा लेती। लेकिन वह आपके घर

में नहीं है। आप मेरा दूसरा कोई उपकार नहीं कर सकते; लेकिन एक उपकार कर सकते हैं—एक बार छोड़ दीजिये—मैं रो आऊँ। इसके बाद यदि बची रह जाँऊ तो, न हो तो बाल मुड़वा कर, कालिख पोतकर देश-निकाला कर सकते हैं।"

गोविन्दलाल समझ गये। आइने की तरह उन्होंने रोहिणी को देख लिया और समझ गये कि जिस मंत्र से भ्रमर मुग्ध है, यह भुजंगी भी उसी मंत्र से मुग्ध हुई है। उन्हें प्रसन्नता भी न हुई क्रोध भी न हुआ। समुद्र-जैसा वह हृदय है। उसमें उद्वेलन होकर दया का उफान उठा। उन्होंने कहा—"रोहिणी! मौत ही तुम्हारे लिए अच्छी होगी लेकिन मरने की जरूरत नहीं! हम सब इस संसार में किसी उद्देश्य से आये हैं अपना-अपना काम बिना किये क्यों मरेंगे?"

गोविन्दलाल इधर-उधर करने लगे। रोहिणी ने कहा—"कहिये न!"

गो०—"तुम्हें यह क्षेत्र त्यागकर चले जाना होगा।"

रो०—"क्यों?"

गो०—"तुम स्वयं ही तो कह रही थी कि इस गाँव का त्याग करना चाहती हो!"

रो०—"मैं तो लज्जावश कह रही थी लेकिन आप क्यों कहते हैं?

गो०—"जिससे हमारी-तुम्हारी मुलाकात न हो!"

रोहिणी ने देखा कि गोविन्दलाल सब समझ गये हैं। मन-ही-मन बड़ी अप्रतिभ हुई, बड़ी प्रसन्नता भी हुई। वह अपने सारे दुःख भूल गयी। फिर उसकी जीने की इच्छा हुई रहने की कामना बलवती हुई। मनुष्य बहुत ही पराधीन होता है! फिर उसकी अपने गाँव में रोहिणी ने कहा—"मैं अभी जाने को राजी हूँ; लेकिन कहाँ जाऊँ?"

गो०—"कलकत्ता।" वहाँ के एक मित्र को मैं पत्र लिख दूँगा। वे तुम्हारे लिए एक मकान खरीद देंगे। तुम्हारे रुपये न लगेंगे।"

रो०—"मेरे वृद्ध चाचा का क्या होगा?"गो०—"वे तुम्हारे साथ जाएँगे अन्यथा मैं तुम्हें कलकत्ता जाने को न कहता।"

रो०—"वहाँ कैसे दिन बिताऊँगी?"

गो०—"मेरे मित्र तुम्हारे चाचा को कोई नौकरी दिला देंगे।"

रो०—"चाचा क्या गाँव त्यागने को तैयार होंगे?"

गो०—"तुम क्या इस घटना के बाद उन्हें राजी न कर सकोगी?"

रो०—"कर सकूँगी! लेकिन आपके ताया कैसे राजी होंगे? वे मुझे कैसे छोड़ेंगे?"

गो०—"मैं अनुरोध करूँगा।"

रो०—"ऐसी दशा में तो मुझे कलंक पर कलंक लगेगा। आप पर भी कलंक आएगा।"

गो०—"ठीक है, तुम्हारे लिए मालिक के सामने भ्रमर अनुरोध करेगी। तुम अब भ्रमर की खोज करो उसे यहाँ भेजकर स्वयं इस मकान में ही रहना, जिससे बुलाने पर तुम्हें पा सकूँ।"

रोहिणी सजल-नयन से गोविन्दलाल को देखती हुई, भ्रमर की खोज में चली गई। इस तरह कलंक में, बन्धन में रोहिणी का प्रथम प्रणय-सम्भाषण हुआ।

तेरहवाँ परिच्छेद

भ्रमर किसी तरह भी श्वसुर से अनुरोध करने को राजी हुई। बोली बड़ी लज्जा आती है। अन्त में गोविन्दलाल स्वयं कृष्णकान्त के पास गये। भोजन के बाद उस समय कृष्णकान्त अक्षयनावस्था में फरशी का सटका हाथ में लिये हुए पिनक ले रहे थे। इधर उनकी नासिका की जयाज में गमक के साथ और ताल-मूर्छनादि के सहित विविध राग-रागिनी का जाप हो रहा था। दूसरी तरफ उनका मन अहिकेन की कृपा से विभुषनामी अश्व पर हो नाना स्थानों में घूम रहा था। बुड्ढे के मन में रोहिणी का चन्द्रमुख, जान पड़ता है, उचित हो चुका था चाँद कहाँ नहीं उदित होता! नहीं तो बुड्ढा अफीम की झोंक में इन्द्राणी के कन्धों में मुँह क्यों छिपाएगा। कृष्णकान्त देख रहे थे कि रोहिणी हठात इन्द्र को शची होकर महादेव की गोशाला में साँड़ चोरी करने के लिए गयी है। नन्दी ने हाथ में कंकड़ लिए हुए साँड़ को खाना देने जाते समय उसे गिरफ्तार कर लिया है। देखते है कि रोहिणी के लहराते केशों को पकड़कर शिव के गण खींचातानी कर रहे है और बड़ानन का मयूर उन बालों को सापे समझकर निपलाने के लिए पहुँच गया है। ऐसे समय पर स्वयं बड़ानन अपने मयूर की शरारत देखकर महादेव के सामने नातिज्ञा करने के लिए उपस्थित होकर पुकार रहे है— "तापाजी!"

कृष्णकान्त विस्मित होकर सोचते है कि कार्तिकेय ने महादेव को किस संबंध से 'ताया' कहकर बुलाया। उसी समय कार्तिकेय ने फिर बुलाया—"तायाजी कृष्णकान्त ने अती खिन्न होकर कार्तिकेय के कान मात देने के लिए हाथ ऊपर उठाया। तब कृष्णकान्त के हाथ का फरशी का सटक छूटकर कल से पान के डब्बे पर जा गिरा। पान का डब्बा भी झनझनाकर पीकवान पर जा गिरा, तथा सटक, पानवान और पकवान एक साथ भूतायी हुए। इस शब्द से कृष्णकान्त की नींद खुल गयी। तो उन्होंने आँखें खोलकर देखा कि कार्तिकेय वस्तुत: उपस्थित है मूर्तिमान

स्कंद की तरह, गोविन्दलाल उनके सामने खड़े है और पुकार रहे है—"तायाजी! कृष्णकान्त हड़बड़ाकर उठ बैठे और पूछा—"क्या है, बेटा गोविन्दलाल बुड्ढा गोविन्दलाल को बहुत प्यार करता है।

गोविन्दलाल कुछ सकुचा गये बोले—"आप सोइये मैं बहुत जरूरी काम से नहीं आया। यह कहकर गोविन्दलाल ने पीकवान उठाकर सीधा किया। पान के डब्बे को उठाकर यथास्थान रखा और सटक उठाकर कृष्णकान्त के हाथ में पकड़ा दिया। लेकिन कृष्णकान्त भी बड़े विचित्र बुढऊ है। सहज में ही भूलने वाले नहीं। मन-ही-मन कहने लगे— "कुछ नहीं, खोकड़ा फिर उसी चन्द्रमुखी की बात लेकर आया है। प्रकट रूप में बोले—"नहीं, मेरी नींद हो गयी। अब न सोऊँगा।" गोविन्दलाल बड़े विपद् में पड़े। रोहिणी की बात उन्हें कृष्णकान्त से कहने में सबेरे लज्जा अनुभव नहीं हुई थी। इस समय कुछ लज्जा अनुभव होने लगी बात कहते-कहते भी नहीं कह सके। रोहिणी से तालाब किनारे उनकी वो बातें हुई थी, क्या इसी कारण उन्हें लज्जा अनुभव हो रही।

बुढ़ऊ तमाशा देखने लगे। गोविन्दलाल कोई बात उठाते नहीं है यह देखकर उन्होंने स्वयं जनवरी की बात उठायी—जनवरी के बाद सांसारिक बातें, सांसारिक बातों के बाद मुकायने की बातें। लेकिन रोहिणी की बात उन्होंने नहीं उठायी। गोविन्दलाल किसी तरह भी रोहिणी की बात उठा न सके। कृष्णकान्त मन-ही-मन खूब हँसे। बुढ़ऊ दुष्ट है!

अन्त में गोविन्दलाल लौट रहे थे, तब कृष्णकान्त ने अपने प्रियतम भतीजे को फिर बुलाकर कहा—"सबेरे जिस हरामजादी की तुमने जमानत की थी, उसने कुछ बताया?"

अब गोविन्दलाल ने अवसर पाकर, रोहिणी ने जो-जो कहा था, सब संक्षेप में कह डाला; केवल वारुणी तालाब की बातें छिपा गये। सुनकर कृष्णकान्त ने कहा की—"अब उसके लिए तुम्हारी क्या करने इच्छा है?

गोविन्दलाल ने लज्जित होकर कहा—"आपकी जो इच्छा होगी। यही मेरी भी इच्छा है।" कृष्णकान्त ने मन-ही-मन हँसते हुए मुँह पर कुछ भी हँसी का लक्षण प्रकट न कर के कहा—"मैं उसकी बातों का विश्वास नहीं करता। उसका माथा मुँड़वाकर, कालिख पुतवाकर गाँव के बाहर निकलवा दो—क्या कहते हो?"

गोविन्दलाल चुप रह गये। तब दुष्ट बुड्ढे ने कहा नहीं है, तो छोड़ दो!"—"और यदि तुम समझो कि उसका दोष है तो सजा दो।

गोविन्दलाल ने लम्बी साँस छोड़कर बुड्ढे के हाथ से छुट्टी पायी।

चौदहवाँ परिच्छेद

रोहिणी गोविन्दलाल की आज्ञा के अनुसार चाचा के साथ विदेश जाने के लिए बन्दोबस्त करने अपने घर गयी; मगर चाचा से इस बारे में कुछ न कहकर वह बीच कमरे में बैठकर रोने लगी।

आह हरिद्रा गाँव छोड़कर मुझसे जाते न बनेगा। बिना देखे मर जाऊँगी। कलकत्ते चले जाने पर मैं फिर गोविन्दलाल को तो देख न सकूँगी। मैं कहीं न जाऊँगी! यह हरिद्रा गाँव ही मेरा स्वर्ग है, यहाँ गोविन्दलाल का निवास है! यह हरिद्रा गाँव ही मेरा श्मशान है, यहीं मैं जलकर मरूँगी। श्मशान में भी रहने न पाऊँ, ऐसा अभाग्य भी संभव है। मैं यदि हरिद्रा गाँव छोड़कर न जाऊँ तो मेरा कोई क्या करेगा? कृष्णकान्त मेरा माथा मुँड़वाकर, कालिख पुतवाकर निकलवा देंगे? मैं फिर लौट आऊँगी। गोविन्दलाल नाराज होंगे? होंगे तो हों फिर भी उन्हें देख तो सकूँगी वे मेरी आँखों को तो न निकलवा लेंगे। मैं न जाऊँगी—कलकत्ते न जाऊँगी कहीं न जाऊँगी। जाऊँगी तो यमराज के घर जाऊँगी, और कहीं नहीं।

यह निश्चय कर कलमुही रोहिणी उठकर, दरवाजा खोलकर फिर आग की ओर खिंचते जाने वाले स्तंगे की तरह उसी गोविन्दलाल के पास चली। मन-ही-मन कहती हुई चली हे जगदीश्वर, हे दीनानाथ, हे दुखीजन के एकमात्र सहाय! मैं बड़ी दुखिनी हूँ, बड़े दुःख में पड़ी हूँ, मेरी रक्षा करो। मेरे हृदय की इस असह्य प्रेमाग्नि को बुझा दो अब अधिक मत जलाओ। मैं जिसे देखने जा रही हूँ; उसे जितनी बार देखूँगी, उतनी बार मेरी असह्य यन्त्रणा में ही अनन्त सुख है। मैं विधवा हूँ मेरा धर्म गया, सुख गया, प्राण गया। क्या छोड़ूँ, क्या रखूँ भगवान? हे देवता! हे दुर्गा! हे काली! हे जगन्नाथ! मुझे सुमति दो, मेरे मन को स्थिर करो। मैं यह यन्त्रणा अधिक सह नहीं पाती हूँ।"

फिर भी वह अवसन्न, विवश और अपरिमित प्रेम से भरपूर हृदय स्थिर न हुआ। कभी सोचती—जहर खा लूँ; कभी सोचती थी—गोविन्दलाल का पैर पकड़कर दिल खोलकर सारी बातें कहूँ, कभी सोचती थी—भाग जाऊँ; फिर सोचा

वारुणी तालाब में डूब मरूँ; इसके बाद सोचा—सब कुछ त्यागकर गोविन्दलाल को छीनकर विदेश भाग जाऊँ। इस तरह रोती हुई रोहिणी फिर गोविन्दलाल के पास पहुँची।

गोविन्दलाल ने पूछा—"क्यों कलकत्ते जाना पक्का है न?"

रो०—"नहीं।"

गो०—यह क्या? अभी तो मेरे सामने स्वीकार किया था?"

रो०—"जान सकूँगी।"

गो०— "मैं क्या कहूँ! जबर्दस्ती करने का मुझे कोई अधिकार नहीं, लेकिन जाना ही अच्छा होता।"

रो०—"क्या अच्छा होता?"

गोविन्दलाल सिर नीचा कर के रह गये स्पष्ट बात कहने वाले वे कौन होते हैं?

रोहिणी आँखों के आँसू छिपाकर पोंछती-पोंछती घर वापस चली गई। गोविन्दलाल बहुत दुःखी होकर विचार में पड़ गये। ऐसे ही समय भ्रमर नाचती कुवती वहाँ पहुँची बोली—"क्या सोच रहे हो।

रो०—"तुम बताओ तो सही।"

भ्रमर—मेरा काला रूप।"

गो०—"धत!"

भ्रमर अत्यंत क्रोधित होकर बोली धत क्या? "मेरा खयाल नहीं कर रहे थे? मुझे छोड़कर संसार में तुम किसी दूसरे का खयाल कर सकते हो?"

गो०—"क्यों नहीं? मैं दूसरे का खयाल कर रहा हूँ।"

इस पर भ्रमर ने गोविन्दलाल के गले में लपककर और मुँह चूमकर प्रेम से विह्वल होकर मीठी-मीठी मुस्कुराहट से मुस्कुराते हुए कहा—"दूसरे किसका ध्यान कर रहे थे बताओ न?"

गो०—"क्या होगा तुम्हें बताकर?

भ्र०—"बताओ न!"

गो०—"तुम नाराज होगी।"

भ्र०—"होऊँगी तो होऊँगी, तुम बताओ!"

गो०—"आओ-आओ, देखो तो सबका खाना-पीना हो गया?"

भ्र०—"अभी देखूँगी पहले बताओ वह कौन है?"

गो०—"रोहिणी का खयाल कर रहा था।"

भ्र०—"क्यों रोहिणी का खयाल कर रहे थे?

गो०—"यह मैं क्या जानू?"

भ्र०—"जानते हो, बताओ न!"

गो०—"आदमी-आदमी का खयाल नहीं करता?"

भ्र०—"नहीं! जो जिसे प्रेम करता है, वही उसका खयाल करता है। मैं तुम्हें प्यार करती हूँ, तुम मुझे प्यार करते हो; मैं तुम्हें याद करती हूँ, तुम मेरा खयाल करते हो!"

गो०—"तो मैं रोहिणी को प्यार करता हूँ।"

भ्र०—"झूठी बात है! तुम मुझे प्यार करते हो और किसी को तुम्हें प्यार नहीं करना चाहिए। क्यों रोहिणी को याद कर रहे थे बताओ न?"

गो०—"विधवा को मछली खानी चाहिये?"

भ्र०—"नहीं।"

गो०—"विधवा को मछली नहीं खानी चाहिये, फिर भी तारिणी की माँ मछली क्यों खाती है?"

भ्र०—"वह मुँहजली है, जो न करना चाहिये, वही करती है!"

गो०—"मैं भी मुँहजला हूँ, जो न करना चाहिये, वही करता हूँ। मैं रोहिणी से प्रेम करता हूँ।"

तड़ाक से गोविन्दलाल के गाल पर भ्रमर ने थप्पड़ लगाया। क्रोध से लाल होकर वह बोली—"मैं श्रीमती भोमर दासी हूँ। मेरे सामने झूठी बात?"

गोविन्दलाल ने हार मान ली। भ्रमर के कन्धे पर हाथ रखकर उसके प्रफुल्ल नीलकमल सदृश माधुर्यमय चेहरे को अपने करपल्लवों से पकड़कर मधुर, साथ ही गम्भीर कण्ठ से गोविन्दलाल ने कहा—"झूठी ही बात है, मैं भी रोहिणी से प्रेम नहीं करता। लेकिन रोहिणी मुझसे प्रेम करती है।"

तीर की तरह गोविन्दलाल के हाथ से मुँह छुड़ाकर भ्रमर दूर जा खड़ी हुई हाँफते-हाँफते कहने लगी—"अभागी, कलमुँही, बन्दरी मर जाय! मर जाय! मर जाय! मर जाय!"

गोविन्दलाल ने कहा—"अभी इतनी गाली क्यों? तुम्हारे सात राज्य के धन, तेरे पति को तो अभी उसने छीन नहीं लिया है।"

भ्रमर ने कुछ अप्रतिभ होकर कहा—"देर ही क्या है! इतनी शक्ति हरामजादी ने तुम्हारे सामने कहा कैसे?"

गो०—"ठीक कहती हो भोमर! यह कहना उसे उचित न था यही मैं सोच रहा था। मैंने उसे यहाँ से जाकर कलकत्ते में रहने के लिए कहा था। खर्च तक देने के लिए तैयार था।"

भ्र०—"तब?"

गो०—"तब भी वह राजी न हुई।"

भ्र०—"ठीक है! मैं उसे एक परामर्श दे सकती हूँ।"

गो०—"हाँ-हाँ, लेकिन वह परामर्श मैं भी सुनूँगा।"

भ्र०—"सुनो।"

यह कहकर भ्रमर ने "क्षीरी, क्षीरी!" कहकर एक मजदूरनी को बुलाया।

इस पर क्षीरोदा उर्फ क्षीरोदमणि उर्फ केवल क्षीरी आकर खड़ी हो गयी। मोटी-मोटी, नाटी-नाटी, पैरों में फूल का कड़ा पहने, हँसी से भरा हुआ चेहरा! भ्रमर ने कहा कलमुँही के पास अभी जा सकेगी?"

क्षीरी!—"रोहिणी।"

क्षीरी ने कहा—"क्यों न जा सकूँगी! क्या कहना होगा?"

भ्रमर ने कहा—"मेरा नाम लेकर कह आ कि उन्होंने कहा है तू मर जा!"

"यही? जाऊ?" कहकर क्षीरोदा उर्फ क्षीरी कड़े बजाती हुई चली। जाने के समय भ्रमर ने कह दिया—"वह जो जवाब दे, मुझसे आकर कहना।"

"अच्छा" कहकर क्षीरोदा चली गयी। थोड़ी ही देर बाद उसने आकर कहा—"कह आयी।"

भ्रमर—"क्या कहा उसने?"

क्षीरी—"उसने कहा कि कह दो, उपाय बता दें!"

भ्रमर—"तो फिर जा। कह आ उस वारुणी में शाम के समय, गले में कलसी बाँधकर—समझ गयी?"

क्षीरी—"अच्छा!"

क्षीरी फिर गयी और फिर वापस आयी। भ्रमर ने पूछा—"वारुणी तालाब की बात कह दी?"

क्षरी—"कह दिया।"

भ्रमर—"क्या बोली?"

क्षीरी—"उसने कहा कि 'अच्छा'।"

गोविन्दलाल ने कहा—"छि भ्रमर!"

भ्रमर ने कहा—"डरो मत, वह मरेगी नहीं! जो तुम्हें देखकर मर मिटी है वह क्या मर सकती है?"

पन्द्रहवाँ परिच्छेद

सारे दैनिक कार्यों को समाप्त कर रोज के नियमानुसार गोविन्दलाल शाम के समय तालाब के किनारे वाले बाग में टहलने लगे। गोविन्दलाल को बगीचे में टहलना

बड़ा सुखकर जान पड़ता है। हरेक वृक्ष के नीचे दो-चार बार टहलते हैं। लेकिन इस समय हम हरेक वृक्ष की बात न कहेंगे। वारुणी के किनारे बगीचे में एक ऊँची पत्थर की वेदी बनी है। वेदिका के ऊपर पत्थर की खोदी हुई एक स्त्री-मूर्ति है, अर्द्धनग्न, नीची निगाहें किये हुए, एक घड़े से अपने चरणों पर जैसे पानी डाल रही हो। वेदिका पर उसके चारों ओर सफेद मिट्टी के गमलों में छोटे-छोटे फूलों के वृक्ष जिरानियम, तार्तिनायूफेरिया, चन्द्रमल्लिका, गुलाब आदि के रखे हुए हैं। नीचे उसी वेदिका के चारो ओर कामिनी, यूयिका, मल्लिका, गन्धराज आदि खुशबू वाले देशी फूलों की कतारें हैं जो गन्ध से वायु-मण्डल को प्रमुदित कर रहे हैं। इसके बाद ही उज्ज्वल, नील-पीत-रक्त, श्वेत वर्षों के पत्तों के विविध वृक्ष लगे हैं। गोविन्दलाल इसी जगह बैठने में बड़े सुखी होते हैं। चाँदनी रात में कभी-कभी भ्रमर को साथ लाकर वे इसी जगह बैठते थे। भ्रमर उस पत्थर की अर्द्धनग्न मूर्ति को देखकर उसे कलमुँही कहा करती थी। कभी-कभी अपने आँचल से उसकी देह ढाँक देती, कभी घर से उत्तम साड़ी लाकर उसे पहना देती, कभी-कभी उसके हाथ से पत्थर के घड़े को लेने का प्रयास करती थी।

आज संध्या समय उसी जगह बैठकर गोविन्दलाल शीशे की तरह चमकने वाले तालाब के जल को देखने लगे। देखते-देखते सहसा उन्होंनें देखा कि तालाब की प्रशस्त सीढ़ियों पर से रोहिणी बगल में घड़ा दबाये उतर रही है। बोले बिना काम चल सकता है, लेकिन पानी बिना कैसे चल सकता हैं! आज ऐसे दुःख के दिन भी रोहिणी जल लेने आयी है। रोहिणी के जल में उतरकर नहाने-धोने की भी सम्भावना है। उधर देखना अनुचित समझकर गोविन्दलाल वहाँ से हट गये।

बहुत देर तक गोविन्दलाल इधर-उधर घूमते रहे। अन्त में उन्होंने सोचा कि इतनी देर में तो रोहिणी वहाँ से हट गई होगी। यह सोचकर गोविन्दलाल फिर उसी वेदिका के पास जल गिराती पाषाण सुन्दरी के पैरों के पास जा बैठे और वारुणी की शोभा निरखने लगे। उन्होंने देखा कि रोहिणी या कोई स्त्री-पुरुष वहाँ नहीं है। कोई कहीं न था किन्तु जल के ऊपर एक कलसी तैर रही थी।

यह किसका घड़ा है? एकाएक सन्देह हुआ रोहिणी ही पानी भरने आयी इसी समय एकाएक कोई जल लेने आकर डूब तो नहीं गया? सिर्फ उन्हें सबेरे की बात याद आ गई। याद आया कि भ्रमर ने रोहिणी को कहला दिया था कि वारुणी तालाब में संध्या समय बाँधकर यह भी याद आया कि रोहिणी ने उत्तर में कहा था—"अच्छा!"

गोविन्दलाल तक्षण पुष्करिणी के घाट पर आये और खड़े होकर चारों तरफ देखने लगे। जल आईने की तरह स्वच्छ था। घाट के नीचे जलतल की भूमि तक दिखाई पड़ रही थी। उन्होंने

देखा, स्वच्छ स्फटिक के समान हेम-प्रतिमा रोहिणी जल के तल में सोयी हुई है। जल के नीचे की अन्धकारमयी भूमि को अपनी विमल प्रतिमा से रोहिणी समुज्ज्वल किए हुए।

सोलहवाँ परिच्छेद

गोविन्दलाल ने तुरंत जल में कूदकर रोहिणी को उठाया और सीढ़ी पर लाकर सुला दिया। उन्होंने देखा कि रोहिणी के जीवन में संदेह है उसके श्वास-प्रश्वास बन्द थे, वह बेहोश थी।

गोविन्दलाल ने बगीचे के एक माली को बुलाया। माली की सहायता से रोहिणी को उठाकर वे बगीचे के प्रमोदगृह में उसे शुश्रूषा के लिये ले गये। जिन्दा हो या मरी हुई हो, आखिर रोहिणी गोविन्दलाल के गृह में प्रवेश कर गयी। भ्रमर के अतिरिक्त और किसी स्त्री ने उस उद्यानगृह में प्रवेश न किया था।

वायु और वर्षा से धुले हुए चम्पा के फूल की तरह वह मृत नारी-शरीर पलंग पर लम्बा पड़ा हुआ दीप-आलोक में शोभा पा रहा था। लम्बे-काले बाल जल में भीगे हुए थे जिनसे पानी चू रहा था, जैसे मेघ जल-वृष्टि कर रहे हों। आँखें

बंद थीं। उन बंद हुए पद्मों पर गीले होने के कारण काली भौंहें बड़ी शोभा दे रही थीं। और वह ललाट स्थिर था विस्तारित, लज्जाहीन, एकदम अव्यक्त भाव लिये हुए। कपोल अभी भी उज्ज्वल था। अधरों पर अभी भी माधुर्य खेल रहा था लाजवन्ती लता की पत्ती की तरह। गोविन्दलाल की आँखों में आँसू आ गये। वे बोले—"गई!" भगवान ने इतना रूप देकर तुम्हें क्यों भेजा था? यदि सुन्दरता दी तो सुखी क्यों न बनाया? इस तरह तुम क्यों चल दी? इस सुन्दरी के आत्मघात के कारण वही हैं यह सोचकर उनकी छाती फटी पड़ती थी।

यदि रोहणी में जीवन हो तो उसे बचाना चाहिये। डूबे हुए को किस तरह जीवित करना चाहिए, यह गोविन्दलाल जानते हैं। पेट का जल बड़ी सरलता से निकाला जा सकता है। दो-चार बार रोहिणी को उठाकर, बैठाकर, अगल-बगल घुमाकर जल निकाल दिया गया। लेकिन अभी साँसें चलने नहीं लगीं। यह सबसे कठिन काम है।

गोविन्दलाल जानते हैं कि डूबे हुए के दोनों हाथ ऊपर उठाने और नीचे करने से फेफड़ों में हवा भरती है और उसी समय मुँह से फूँककर हवा भरना चाहिए। इस तरह हाथ उठाने से फेफड़े

फैलते हैं और मुँह की हवा उसमें भर जाती है। फिर हाथ नीचा करने से हवा मुँह नाक के जरिये निकलती है। इस तरह कृत्रिम श्वास-प्रश्वास आरंभ हो सकता है। रोहिणी को ऐसा ही करना होगा। दोनों हाथों को उठाने के बाद मुँह में फूँकना पड़ेगा उसके उस पके अनार की लाली को लजाने वाले, अमृत से परिपूर्ण, मदन-मदोन्मादक हलाहल कलसी के समान सुंदर होंठों पर होंठ रखकर फूँकना पड़ेगा। अरे राम! कौन करेगा!

गोविन्दलाल का सहायक एक वही उड़िया माली था। बगीचे के सब माली पहले ही घर जा चुके थे। उन्होंने माली से कहा—"मैं इसके दोनों हाथ ऊपर उठाता हूँ, तू इसके मुँह में फूँक तो सही!"

मुँह में फूँक! सर्वनाश! इन सुंदर अमृत भरे होठों पर माली के होंठ पड़ेंगे? बड़ी मुश्किल है रे भाई!

माली को यदि मालिक शालिगाँव की बटिया चबाने को कहते तो, शायद वह उनकी बात रखने के लिए वह भी कर डालता। लेकिन उस चन्द्रमुखी के रंगीन होंठों पर होंठ रखना! माली को तो पसीना आने लगा। उसने साफ इनकार किया—"मैं न सकिहाँ सरकार!"

माली ने ठीक ही कहा। माली उन देव-दुर्लभ अधरों पर यदि एक बार मुँह रख देता और यदि रोहिणी बच जाती, तो जब रोहिणी बगल में घड़ा दबाकर होंठ सिकोड़ इस माली की तरफ कटाक्ष मारकर चल देती, तो बेचारे माली की नौकरी ही चली जाती वह अपनी खुरपी-खचिया फेंककर रोहिणी के पीछे दौड़ पड़ता, इसमें सन्देह नहीं। शायद वह सुवर्ण रेखा के नील में जल मरता। माली के मन में यह सब विचार उठे थे या नहीं, कहा नहीं जा सकता। लेकिन यह सही है कि उसने मुँह में फूँकने से इनकार कर दिया था।

अन्त में गोविन्दलाल ने कहा—"तब तू इसके दोनों हाथ उठा, मैं फूँकता हूँ। इसके बाद धीरे-धीरे हाथ नीचे करना।" माली ने यह स्वीकार कर लिया। उसने रोहिणी के दोनों हाथ पकड़कर धीरे-धीरे उठाये, गोविन्दलाल ने उसके प्रफुल्लित कुसुमकान्त होठों पर अपने प्रफुल्लित कुसुमकान्त अधर रखे—रोहिणी के मुँह में उन्होंने फूँका।

इसी समय भ्रमर एक लाठी लेकर बिल्ली को मारने जा रही थी। बिल्ली को मारने में लाठी बिल्ली को न लगकर उसी के सिर में लगी।

माली ने रोहिणी के दोनों हाथों को नीचा किया। गोविन्दलाल ने फिर फूँक मारी। फिर उसी तरह किया गया। बार-बार यही प्रक्रिया की जाने लगी दो-तीन घण्टे तक यही किया गया तो रोहिणी की साँस चलने लगी। रोहिणी बच गयी।

सत्रहवाँ परिच्छेद

रोहिणी की साँस चलने लगी। गोविन्दलाल ने दवा खिलाई। औषधि बलकारक थी क्रमश: रोहिणी में बल-संचार होने लगा। रोहिणी ने आँखें खोलकर देखा सज्जित मनोहर कमरे में खिड़की की राह से मन्द-शीतल पवन आ रहा था। एक तरफ स्फटिक के बने दीवार पर दीपक जल रहा था। दूसरी तरफ हृदयाधार का जीवन-प्रदीप जल रहा था। रोहिणी गोविन्दलाल के हाथों से मिली हुई मृतसंजीवनी सुरा पीकर मरकर भी जीने लगी। पहले साँस चली, फिर चैतन्य हुआ, आँखें खुली, फिर स्मृति आयी, फिर बोलने लगी। रोहिणी ने कहा—"मैं तो मर गयी थी; मुझे किसने बचाया?"

गोविन्दलाल ने कहा—"चाहे जिसने बचाया हो, तुम बच गई हो, यही बड़ी बात है!"

रोहिणी बोली—"मुझे क्या आपने बचाया? आपके साथ मेरी कौनसी ऐसी शत्रुता है कि आप मुझे मरने भी नहीं देते?"

गो०—"तुम क्यों मरोगी?"

रो०—"क्या मरने का भी मुझे अधिकार नहीं?"

गो०—"पाप करने का अधिकार किसी को नहीं है! आत्महत्या भी पाप ही है।"

रो०—"मैं पाप-पुण्य कुछ नहीं जानती मुझे किसी ने सिखाया भी नहीं। मैं पाप-पुण्य मानती भी नहीं। किस पाप से मुझे यह दण्ड मिला है? पाप न करने पर भी यदि यह दुःख है, तो पाप करने से ही इससे अधिक क्या होगा? मैं अवश्य

मरूँगी। इस बार विफल हुई, इसलिये कि तुम्हारी आँखों के सामने पड़ गई थी, तुमने रक्षा की। अब ऐसा यत्न करूँगी कि तुम्हारी आँखों के सामने न पड़े।"

गोविन्दलाल बड़े दुःखी हुए बोले—"तुम क्यों मरोगी?"

"बहुत दिनों से क्षण-क्षण, पल-पल, रात-दिन, मरने से अच्छा है कि एक बार ही मरकर छुट्टी पा जाती?"

गो०—"ऐसा कौन-सा कष्ट है तुम्हें?"

रो०—"रात-दिन की भयानक प्यास! हृदय जला जाता है, सामने ही शीतल जल है, किन्तु उस जल का स्पर्श भी नहीं कर सकती। कोई आशा भी नहीं!"

इस पर गोविन्दलाल ने कहा—"इन सब बातों की जरूरत नहीं। चलो, तुम्हें घर पहुँचा आऊँ।"

रोहिणी ने जवाब दिया—"नहीं, अकेली ही चली जाऊँगी।"

गोविन्दलाल समझ गये कि किस बात की आपत्ति है। गोविन्दलाल कुछ बोले नहीं, फिर चुप ही रह गये। रोहिणी अकेली ही चली गई।

तब उस अकेले कमरे में गोविन्दलाल जमीन पर लोटकर लगे रोने। मिट्टी में मुँह छिपाकर, आँसूओं की धार बहती हुई आँखों से पुकारकर कहने लगे—"हा नाथ! नाथ! इस विपत्ति से तुम मेरी रक्षा करो! तुम्हारा बल न पाकर मैं किस बल से इस महाविपद् से रक्षा कर पाऊँगा। मैं मरूँगा तो मेरी भ्रमर भी मर जाएगी। प्रभु!"

"इस हृदय में आओ, विराजो! तुम्हारे रहने से हृदय में बल मिलेगा तुम्हारे बल से मैं आत्मविजय करूँगा।"

अठारहवाँ परिच्छेद

गोविन्दलाल के घर लौट आने पर भ्रमर ने उनसे पूछा—"आज इतनी रात तक बगीचे में क्यों रहे?"

गो०—"क्यों पूछती हो? क्या और कभी बगीचे में नहीं रहा?"

भ्रमर—"रहे हो, लेकिन आज तुम्हारा मुँह देखकर, तुम्हारे कण्ठ की आवाज सुनकर जान पड़ता है, कुछ हुआ है।"

गो०—"क्या हुआ है?"

"क्या हुआ है यह बिना तुम्हारे बताये कैसे जान सकती हूँ? मैं क्या वहाँ बैठी थी?"

गो०—"क्यों! क्या इस चेहरे को देखकर भी नहीं बता सकती?"

भ्रमर—"मजाक रहने दो! मुँह देखने से कह सकती हूँ कि कोई भारी बात हुई है। मुझे बताओ, मेरे प्राण सुनने के लिए व्याकुल हो रहे हैं।"

यह कहते-कहते भ्रमर की आँखों से आँसू गिरने लगे। गोविन्दलाल ने उसकी आँखों के आँसू पोंछते हुए प्यार कर के कहा—"फिर किसी दिन बता दूँगा, भ्रमर! आज नहीं।"

भ्रमर—"आज क्यों नहीं?"

गो०—"तुम अभी बालिका हो, बालिका को यह बात सुनने की जरूरत नहीं।"

भ्रमर—"कल क्या मैं बूढ़ी हो जाऊँगी?"

गो०— "भ्रमर! कल भी न बताऊँगा दो वर्ष बाद बताऊँगा। अब इस बात को फिर न पूछना।"

भ्रमर ने ठंडी साँस ली और बोली—"ऐसा ही सही! दो वर्ष बाद ही कहना मेरी सुनने की बड़ी इच्छा थी; लेकिन जब तुम न कहोगे तो मैं सुन ही कैसे सकती हूँ? मेरा मन न जाने कैसा कर रहा है!"

न जाने कैसा भारी दुःख भ्रमर के हृदय के भीतर अन्धकार फैलाने लगा। जैसे वसन्त का आकाश—बहुत सुन्दर, नीला-स्वच्छ-उज्ज्वल हो कहीं कुछ न हो एकाएक उस पर एक बादल आकर चारों तरफ अँधेरा फैला दे भ्रमर को महसूस हुआ कि उसके हृदय के अन्दर इसी तरह एक बाका ने आकर चारों तरफ से अँधेरा फैला दिया है भ्रमर की आँखों में जल आने लगा। फिर उसने सोचा मैं व्यर्थ रो रही हूँ। मैं बड़ी दुष्ट हो गयी हूँ। मेरे पति नाराज होंगे। अत: भ्रमर रोती हुई बाहर चली गयी और एक कमरे के कोने में बैठकर, पैर फैलाकर विष्णु सहस्रनाम पढ़ने लगी आधा-कपाल क्या पढ़ा, यह तो नहीं बता सकता। लेकिन उसकी छाती पर का वह काला मेघ किसी तरह भी न हटा।

उन्नीसवाँ परिच्छेद

गोविन्दलाल बाबू अपने ताया के पास बैठकर काम-काज की बातों में प्रवृत्त हुए। बातों-ही-बातों में, किस जगह की जमींदारी की क्या अवस्था है, यह सब पूछने लगे। कृष्णकान्त ने गोविन्दलाल को काम-काज में मन लगाते देखकर सन्तुष्ट होकर कहा—"अगर तुम थोड़ी देखभाल करो तो बहुत अच्छा हो। देखो, मैं कितने दिन रहूँगा! तुम लोग यदि अभी से सब समझ-बूझ न लोगे, तो मेरे मर जाने पर कुछ भी समझ न सकोगे। देखो, में वृद्ध हुआ, कहीं आ-जा भी नहीं सकता। लेकिन बिना अपने गये, सारी जमींदारी निरंकुश हो रही है।"

गोविन्दलाल ने कहा जमींदारी देख-सुन आऊ।" आप यदि कहें तो मैं जा सकता हूँ। मेरी भी इच्छा है, एक बार सारी

चीजे देख आऊ।

कृष्णकान्त बड़े प्रसन्न हुए। बोले—"मुझे इसमें बड़ी प्रसन्नता है। आजकल बन्दरखाली में कुछ गोलमाल भी हो गया है। नायब कहता है कि प्रजा सत्याग्रह कर रही है, रुपये नहीं दे रही है। प्रजा कहती है कि हम लोग मालगुजारी देते हैं, नायब रसीद नहीं देता। तुम्हारी यदि इच्छा हो तो कहो, मैं तुम्हें वहाँ भेजने का बन्दोबस्त करूँ।"

गोविन्दलाल राजी हुए। वह इसीलिए कृष्णकान्त के पास आये थे। उनकी यह भरी उतनी सारी मनोवृत्तियाँ उबल रही है, सागर तरंग की तरह प्रबल है, सौन्दर्य की प्यास चरम सीमा पर है। भ्रमर से वह प्यास बुझती नहीं है। ग्रीष्म ऋतु की मेघमाला की तरह रोहिणी का रूप इस नानक की आँखों के सामने उदिन हुआ प्रथम वर्षा के बादलों को देखकर मयूरी के मन की तरह गोविन्दलाल ने इसे समझकर मन-ही-मन शपथ खाकर निश्चय किया कि चाहे मर जाऊँ, किन्तु भ्रमर के प्रति कभी अविश्वासी न होऊँगा। उन्होंने हृदय में यह संकल्प किया और इसी संकल्प के अनुसार अपने ताया के पास बैठकर काम-काज की बातें की थीं। बन्दरखाली का हाल सुनकर वे बड़े आग्रह के साथ वहाँ जाने के लिए तैयार हुए।

भ्रमर ने सुना कि मझले बाबू देहात जाएँगे ॥ भ्रमर ने कहा—"मैं भी जाऊँगी!" रोना-धोना, जिद शुरू हो गयी। लेकिन भ्रमर की सास ने उसे किसी तरह भी जाने न दिया। नाव सजवाकर, नौकर-चाकर से परिवेष्टित हो, भ्रमर का मुख-चुम्बन कर गोविन्दलाल ने बन्दरखाली के लिए यात्रा की।

पहले भ्रमर जमीन पर लोटकर रोयी, इसके बाद उठकर उसने विष्णु सहस्रनाम की पोथी फाड़ डाली, पिंजड़ा खोलकर पक्षियों को उड़ा दिया, टब-गमले में लगे सारे फूल के पौधों को उखाड़ फेंका, भोजन रसोईदार पर फेंक दिया, मजदूरनी का झोंटा पकड़कर घुमाकर गिरा दिया, ननद के संग झगड़ा किया इस तरह अनेक उपद्रव कर अन्त में सोने गयी। लेटकर सिर से पैर तक चादर तानकर वह फिर रोने लगी। इधर अनुकूल वायु मिलने से गोविन्दलाल की नाव नदी की धारा को चीरती हुई आगे बढ़ने लगी।

बीसवाँ परिच्छेद

कुछ अच्छा नहीं लगता, भ्रमर अकेली है। भ्रमर ने विछौना फेक दिया बहुत नये है। कमरे का पंखा खोल दिया। हवा बहुत गर्म है। मजदूरनियों से फूल लाने को मना कर दिया, फूल में कोहे है। ताश खेलना बन्द कर दिया। सखियों के पूछने पर कहती—ताश खेलने से सास बिगड़ती है। सुई, डोरा, ऊन, पैटर्न सब एक-एक करके पड़ोसियों को दे दिये। पूछने पर बोली आँखों में बड़ी ज्वाला है। घर में धुले वस्त्र भरे पड़े हैं, लेकिन मैले कपड़े पहनती है; पूछने पर धोबी को गाली देती है। माथे के बालों का तेल से सम्पर्क न था कास के जंगल की तरह उसके बाल हवा में उड़ते थे। पूछने पर हँसते हुए बालों को और जटा की तरह बाँध लेती

है। भोजन के समय नित्य बहाना करने लगी, मैं न खाऊँगी, मुझे बुखार आ गया है। सास ने कविराज को बुलाकर औषधि की व्यवस्था करा है। क्षीरोद से कहा गया कि उसको समय पर दवा खिलाने का भार तुझ पर है। क्षीरोद जब दवा सामने लाती है, तो भ्रमर उसे लेकर खिड़की के बाहर फेंक देती है।

क्रमश: भ्रमर की यह नाराजगी क्षीरी मजदूरनी की आँखों में असह्य हो उठी। श्रीरी ने कहा— "भला महरानी! किसके लिए तुम यह सब करती हो? जिनके लिए तुमने आहार-निद्रा का परित्याग कर दिया है, क्या वह भी कभी तुम्हारा खयाल करते होंगे? तुम रो-रोकर मर रही हो और वह शायद फर्सी का सटक मुँह से लगाकर आँखें बन्दकर रोहिणी सुन्दरी का ध्यान करते होंगे!"

भ्रमर ने क्षीरी को तड़ाका एक चप्पड़ जड़ दिया। भ्रमर का हाथ गजब का चलता है। फिर वह रुसी होकर कहने लगी— "तुझे अगर अपने मन की बक-बक करनी हो तो हट जा मेरे सामने से!"

क्षीरी ने कहा—"थप्पड़ से क्या किसी का मुँह बन्द हो जाएगा! तुम्हारे क्रोध के डर से हम लोग तुम्हारे सामने मुँह न खोलेंगे, लेकिन बिना कहे भी तो नहीं रहा जाता। पाँची चाण्डालिनी को बुलाकर पूछो तो भला, उस दिन इतनी रात को रोहिणी बाबू के बगीचे से लौट रही थी या नहीं?"

क्षीरोदा का भाग्य खराब था कि सबेरे-सबेरे उसने भ्रमर के सामने यह बातें कहीं। भ्रमर ने डटकर थप्पड़-पर-थप्पड़, घूँसे-पर-घूँसे धाँय-धाँय, घुस्से-घुस्से लगाने शुरू किये। फिर धक्का देकर गिराकर झोटा पकड़कर घसीटने लगी। अन्त में भ्रमर खुद रोने बैठी।

क्षीरोदा बीच-बीच में भ्रमर के लात-घूँसे खाकर भी नाराज नहीं होती थी। लेकिन आज कुछ उसे भी कोच आ गया, नाराज हो गई। बोली—"तो बहुजी! हमें मारने-पीटने से क्या लाभ होगा? तुम्हारे ही लिए हम लोग कहती है। तुम लोगों की बातें उठाकर लोग तरह-तरह की बातें कहते हैं। हमलोगों से यह सहा नहीं जाता? अगर हमारी बात पर तुम्हें विश्वास न हो, तो पाँची को बुलाकर पूछ लो!"

भ्रमर क्रोध और दुःख से रोती-रोती बोली—"तुझे पूछना हो तो तू ही जाकर पूछ! मैं क्या तुम लोगों की तरह ओछी और पाजी हूँ कि अपने पति की बात पाँची चाण्डालिनी से पूछने जाऊँगी? तू इतनी बड़ी बात मुझसे कहती है! सास से कहकर तुझे झाड़ू लगवाकर निकाल बाहर कराऊँगी। चल, हट तो मेरे सामने से तू!"

सबेरे-सबेरे इस तरह क्षीरोदा मजदूरिन भले-बुरे, दो-चार हाथ खाकर क्रोध से बड़बड़ाती चली गयी। इधर भ्रमर ऊपर मुँह उठाकर सजल-नयन हो, हाथ जोड़कर मन-ही-मन गोविन्दलाल

को पुकारकर कहने लगी "हे गुरो! शिक्षक, धर्मज्ञ, हमारे एकमात्र सत्यस्वरूप तुम्हीं हो। तुमने क्या उस दिन यही बात मुझसे छिपाई थी?"

मन के भीतर जो मन है हृदय के जिस छिपे स्थान को कोई देख नहीं सकता, जहाँ आत्मप्रवंचना नहीं है, वहाँ तक भ्रमर ने घुसकर देखा स्वामी के प्रति उसके हृदय में अविश्वास नहीं है—उन पर उसे अविश्वास होता ही नहीं! भ्रमर ने मन में यह भी सोचा कि उनके अविश्वासी होने से भी दु:ख क्या? मेरे मर जाने से ही सब समाप्त हो जाएगा। हिन्दू घर की औरते मरना बहुत सहज समझती है।

इक्कीसवाँ परिच्छेद

अब क्षीरी मजदूरनी ने मन में सोचा!यह घोर कलिकाल है, एक छोटी-सी लड़की मेरी बात पर विश्वास नहीं करती! क्षीरोदा के सरल अन्तःकरण में भ्रमर के प्रति कोई राग-द्वेष नहीं है। वह भ्रमर की मंगला-कांक्षिणी है। उसका अमंगल नहीं चाहती लेकिन उसी बात जो भ्रमर ने सुनी ही नहीं, यह उसे असह्य है। क्षीरोदा अपने चिकने शरीर पर थोड़े तेल की मालिश कर, रंगीन जैगोडा कन्धे पर रख, कलसी बगल में दबाकर वारुणी के घाट पर स्नान करने के लिए चली।

ब्राह्मणी हरिमणि बाबू लोगों के यहाँ एक रसोईदारिन है। वह भी उसी समय तालाब से स्नान कर लौट रही थी, आज से कहा पहले उसकी क्षीरी के साथ मुलाकात हुई। हरिमणि को देखकर क्षीरोदा ने मानो अपने—"इसी को कहते हैं जिसके लिए चोरी करे, वही कहे चोर 'अरे राम-राम!' बड़े लोगों की नौकरी नहीं हो सकती बाबा! कब किसका कैसा मिजाज रहे, क्या ठिकाना है!

हरिमणि ने जरा निन्या की गन्ध पाकर, दाहिने हाथ का गीला कपड़ा बाएँ हाथ पर रखकर पूछा—"क्या हुआ बहन क्षीरोदा क्या हुआ है?"

क्षीरोदा ने अपने मन का बोझ हलका किया। फिर बोली—"बताओ न बहन! मुहल्ले की सब कलमुँही बाबू के बगीचे में घूमने जाएँगी और हम लोग नौकर-मजदूरनी देखेंगी, तो भला मालिक से न कहेंगी?"

हर०—"भला रे! मुहल्ले की कौन औरत गयी बाबू के बगीचे में घूमने?"

क्षी०—"और कौन जाएगी वही कलमुँही रोहिणी गई थी!"

हर०—"आग लगे भाग्य में! रोहिणी का यह हाल कब से है? किस बाबू के बगीचे में रे, क्षीरोदा?"

क्षीरोदा ने मंझले बाबू का नाम लिया। इस पर दोनों आपस में आँखें मटकाकर रसीली हँसी हँसती हई अपने-अपने रास्ते पर चल पड़ीं। कुछ दूर जाते ही क्षीरोदा से मुहल्ले की राम की माँ से मुलाकात हुई। क्षीरोदक ने उसे भी अपनी हँसी के बाँध में बाँधकर रोक लिया और रोहिणी के रसिकपन की बात कह डाली। दोनों कटाक्ष की हँसी हँसकर अपनी-अपनी राह लगीं।

इस तरह क्षीरोदा ने राह में राम की माँ, श्याम की नानी, हीरा की मौसी और काली, तारा, फलानी-देकानी कितनों को अपने मर्म की वेदना का परिचय दिया। अन्त में स्वस्थ शरीर और प्रफुल्ल हृदय से वारुणी की स्फटिक जैसे निर्मल जल में स्नान किया। इधर हरिमणि से जितनी औरतों की मुलाकात हुई सबसे राम की माँ, श्याम की नानी आदि-आदि सबसे—मंझले बाबू के बगीचे में हतभागिनी रोहिणी के जाने की बात उसने भी कह डाली। एक शून्य के संयोग से दश हो गया, दश शून्य के सहयोग से सौ और इसी तरह सौ हजार में परिणत हुआ। क्षीरी ने भ्रमर से सबेरे-सबेरे सूर्योदय की प्रथम किरण के साथ-साथ जो बात कही, वही बात शाम को अस्ताचल के समय तमाम मुहल्ले के घर-घर पहुँच गई कि रोहिणी मंझले बाबू की रखेल है। केवल बगीचे की बात से अपरिमेय प्रणय की बात, अपरिमेय प्रणय से अलंकार-गहनों तक साथ ही और कितनी बातें उठीं। इसे मैं हे रचना-कौशलमयी, कलक-कलितकण्ठा, कुल-कामिनीगण! अधम सत्यशासित लेखक आप लोगों के सामने सविस्तार कहकर झंझट बढ़ाना नहीं चाहता।

धीरे-धीरे भ्रमर के पास तक खबरें पहुँचने लगीं। पहले विनोदिनी ने आकर कहा—"अरे, यह बात सच्ची है क्या?" भ्रमर ने सूखे हुए चेहरे और टूटे हृदय से पूछा—"क्या सच है महराजिन?" महाराजिन ने कामदेव के धनुष की तरह अपनी भौहें टेढ़कर के आँखों से बिजली छिटकाते हुए लड़के को गोद में बैठाकर कहा—अरे, वही रोहिणी की बात?"

भ्रमर ने विनोदिनी से कुछ न कहकर उसके गोद के लड़के को छीनकर अपनी गोद में लेते हुए बाल्य-सुलभ खेलवाड़ के वशीभूत हो उसे रुला दिया। विनोदिनी अपने बालक को स्तनपान कराती हुई चली गई।

विनोदिनी के बाद सुरधुनी ने आकर कहा दवा करो। हजार हो, तुम गोरी तो हो नहीं! "क्यों मंझली बहू! कहा था न कि मझले बाबू का मन केवल बातों से ही तो पाया नहीं जाता, कुछ रूपगुण भी चाहिये। लेकिन भाई! रोहिणी के पास कितनी बुद्धि है, कौन जाने!"

भ्रमर ने कहा—"बुद्धि? काहे की बुद्धि?"

सुरधुनी ने माथे पर हाथ मारकर कहा—"अरे वाह रे भाग्य! इतने आदमियों ने सुन लिया, सिर्फ तुमने नहीं सुना? मंझले बाबू ने रोहिणी को सात हजार रुपये के गहने दिये हैं!"

भ्रमर की हड्डी-हड्डी जल उठी। मन-ही-मन सुरधुनी को यम के हाथ समर्पण करने लगी। प्रकट रूप में एक पुतले का सर तोड़कर सुरधुनी से बोली—"यह मैं जानती हूँ खाता भी देखा है। तेरे नाम चौदह हजार का गहना लिखा हुआ है।"

इसी तरह विनोदिनी और सुरधुनी के बाद रामी, वामी, श्यामी, कामिनी, रमणी, शारदा, प्रमदा, सुखदा, वरदा, कमला, विमला, शीतला, निर्मला, माधू, निधू, विधू, तारिणी, निस्तारिणी, दीनतारिणी, भवतारिणी, सुरबाला, गिरिबाला, ब्रजबाला, शैलबाला आदि-आदि अनेक ने एक-एक दो-दो करके आकर उस विरहकातरा बालिका से कहा कि तुम्हारा पति रोहिणी का प्रणयासक्त है। कोई युवती, कोई अधेड़. कोई वृद्धा, किसी बालिका ने आकर कहा—

"अचरज क्या है? मंझले बाबू का रूप देखकर कौन नही बहक सकता! रोहिणी का सौन्दर्य देखकर वही क्यों न भूले होंगे?" किसी ने आदर के साथ, किसी ने चिढ़ाकर, किसी ने रस के साथ, किसी ने ईर्ष्यावश, किसी ने दुःख से, किसी ने हँसकर, किसी ने रोकर भ्रमर को सूचित किया—"भ्रमर! तुम्हारा भाग्य फूट गया।"

गाँव में भ्रमर सुखी थी। उसका सुख देखकर सभी ईर्ष्या करते थे सुख, इतना ऐश्वर्य देव-दुर्लभ स्वामी लोक में कलंकरहित यश इस काली-कुरूपा को इतना पराजिता को पद्म का आदर और उस पर मल्लिका का सौरभ! गाँव वालों को इतना सहन न हुआ। इसीलिए दल बाँधकर या अकेले-दुकेले, कोई लड़का दबाये हुए, कोई बहन को लिये हुए, कोई चोटी गूँथती हुई; कोई अधगुँथी चोटी से, कोई खुले बालों से कहने के लिए आयी—"भ्रमर! तुम्हारा सुख नष्ट हो गया।" किसी के मन में यह विचार न हुआ कि भ्रमर पतिविरह-विधुरा, नितान्त दोषरहित दुखिनी बालिका है।

भ्रमर अधिक सहन न कर सकने के कारण दरवाजा बन्द कर के जमीन पर लेटकर लगी रोने। मन-ही-मन बोली—"हे सन्देहभंजन! हे प्राणाधिक! तुम्हीं मेरे सन्देह हो, तुम्हीं मेरे विश्वास हो। आज किससे पूछें? मुझे क्या सन्देह है? लेकिन सभी तो कह रहे हैं। सच न होने से सब क्यों कहेंगे? तुम यहाँ नहीं हो, आज मेरा सन्देह-भंजन कौन करेगा? मेरा सन्देह नहीं टूटता है तो मैं मर क्यों नहीं जाती! इस सन्देह के रहते क्या कोई जी सकता है? तो मैं मरती क्यों नहीं? प्राणेश्वर! लौट कर भ्रमर को गाली न देना कि वह बिन कहे मर गयी।

बाईसवाँ परिच्छेद

इस समय भ्रमर को भी वही पीड़ा है, रोहिणी को भी वही कष्ट है। बात फैलने पर रोहिणी के कानों में क्यों न पहुँचेगी? रोहिणी ने सुना कि गाँव में बात फैली है—गोविन्दलाल उसके प्रेमी है। सात हजार के गहने उसे दिये हैं। बात कहाँ से उठी, किसने उठायी इसकी कोई खबर उसने नहीं ली, एकदम यही निश्चय कर लिया कि भ्रमर ने ही यह बात उठायी है, अन्यथा दूसरे को इतनी जलन क्यों होगी? रोहिणी ने सोचा कि भ्रमर ने मुझे बहुत जलाया उस दिन चोरी का अपवाद आज यह अपवाद! अब इस गाँव में न रहूँगी। लेकिन जाने से पहले एक बार भ्रमर की हड्डी-हड्डी जलाकर जाऊँगी।

यह तो पहले के परिचय से ही मालूम हो गया है कि ऐसा कोई काम नहीं, जिसे रोहिणी न कर सकती हो। रोहिणी किसी पड़ोसी से एक बनारसी साड़ी और पूरा सेट गिलट के गहनों का माँग लायी। शाम हो जाने पर उन सबकी गठरी बाँधकर वह राय लोगों के अन्त:पुर में पहुँची। अकेली भ्रमर जहाँ जमीन पर लेटी हुई कभी रोती, कभी आँसू पोंछकर पाटन की धरन और कड़ी निहारती थी, वहीं जा पहुँची और गठरी रखकर बैठ गई। भ्रमर को आश्चर्य हुआ रोहिणी को देखकर उसका शरीर विष की ज्वाला से जल उठा। असहनीय होने पर भ्रमर बोली—"उस दिन रात को तुम ससुरजी के घर में चोरी करने आयी थी। आज रात को मेरे घर भी उसी अभिप्राय से आयी हो क्या?"

रोहिणी ने मन-ही-मन कहा—"तुम्हारा मुँह फूँ कने आयी हूँ।" प्रकट बोली—"अब मुझे चोरी की जरूरत नहीं। अब रुपयों की कंगाल नहीं हूँ मैं। मंझले बाबू की कृपा से अब मुझे खाने-पहनने की तकलीफ नहीं है। फिर भी लोग जो बातें कह रहे हैं, वे बातें सच नहीं हैं।"

भ्रमर ने कहा—"तुम यहाँ से निकल जाओ!"

रोहिणी ने बात अनसुनी कर कहा—"लोग जितना कह रहे हैं, उतना नहीं है। लोग कहते हैं कि मैंने सात हजार के गहने पाये हैं। मैंने तो सिर्फ तीन हजार के गहने और एक साड़ी पायी है। इसीलिए तुम्हें दिखाने आयी हूँ! सात हजार लोग क्यों कहते हैं?"

यह कहकर रोहिणी पोटली खोलकर वह साड़ी और गिलट के गहने दिखाने लगी। भ्रमर ने लात मारकर गहनों को चारों तरफ छिटका दिया।

रोहिणी बोली—"सोने को पैर से नहीं छूना।" यह कहकर रोहिणी चुपचाप छिटके हुए गहनों को बटोरकर पोटली बाँधने लगी। पोटली बाँधकर वह चुपचाप बाहर निकल गयी।

हमलोगों को बड़ा दुःख रह गया। भ्रमर ने क्षीरोदा को तो पीट दिया था, लेकन रोहिणी को उसने एक चपत भी नहीं लगायी यही हमारे आन्तरिक दुःख का कारण है। हमारी पाठिकाओं के वहाँ उपस्थित रहने पर वे रोहिणी को अपने हाथों से पीट देतीं इसमें हमें कोई संशय नहीं है। स्त्रियों पर हाथ उठाना नहीं चाहिए, यह मानता हूँ। लेकिन राक्षसी या पिशाचिनी पर भी हाथ नहीं उठाना, यह भी मैं नहीं मानता। फिर भी भ्रमर ने रोहिणी को क्यों नहीं मारा, यह समझा सकता हूँ भ्रमर क्षीरोदा से प्रेम करती है, इसलिए उसने उसे मार दिया रोहिणी को तो प्यार करती नहीं, इसलिए उसे नहीं मारा। लड़कों-लड़कों में झगड़ा हो जाने पर माता अपने ही लड़कों को मारती है, दूसरे लड़कों को नहीं।

तेईसवाँ परिच्छेद

उस रात के बाद ही सबेरा होते-न-होते भ्रमर अपने पति को पत्र लिखने के लिए बैठी। लिखना-पढ़ना गोविन्दलाल ने सिखा दिया था लेकिन लिखने-पढ़ने में भ्रमर उतनी पक्की न हुई थी। कुल खिलौने में, पक्षी में, पति में ही भ्रमर का मन रहता था, लिखने-पढ़ने या गृहस्थी में नहीं। कागज लेकर वह लिखने बैठती थी। एक बार मिटाती, एक बार काटती, फिर कागज बदलकर फिर मिटाती, फिर काटती—अन्त में फेंक देती थी। दो-तीन दिनों में भी एक पत्र पूरा न होता था। लेकिन अब यह सब नहीं हुआ। टेढी-तिरछी लाइन में आज जो कुछ लेखनी की नोक से लिखा गया, सब भ्रमर के लिए ठाक था। म-म की तरह हुआ, भ-म हो गया, फ-क की तरह तो क-फ की तरह, य-य की तरह, च-छ की तरह, इकार की जगह आकार, आकार का स्थान ही लुप्त, युक्त अक्षर अलग-अलग, बीच में किसी अवर का लोप, लेकिन भ्रमर किसी तरह भी रुकी नहीं। आज एक घण्टे के अन्दर भ्रमर ने एक बड़ा पत्र लिख मारा। काटाकुटी नहीं थी—यह बात नहीं। हम उस पत्र का कुछ परिचय यहाँ देते हैं—भ्रमर लिखती है:—

“सेविका श्री भोमर (इसके बाद भोम को काटकर उसने भ्रमर बनाया) दास्या (पहले दास्मा, फिर दास्य—उसे काटकर दास्यो-दास्यो नहीं लिख सकी) प्रणामा (प्र लिखने के पहले स्र काटकर इसके बाद अ अन्त में प्र) निवेदनञ्च (पहले निवदञ्च, इसके बाद निवेदनञ्च) 'विशेस' (आखिर 'विशेष नहीं ठीक हुआ)।

इसी तरह पत्र लिखने की प्रणाली थी उसकी। उसने जो कुछ लिखा, उसके अक्षर संशोधित कर नीचे लिखते हैं —

"उस दिन रात को बगीचे में क्यों देर लगी, इसे तुमने खुलकर नहीं बताया। कहा था कि दो वर्ष बाद कहेंगे, लेकिन भाग्यदोष से मैंने पहले ही सुन लिया सुना क्यों, देखा है। तुमने रोहिणी को जो वस्त्र अलंकार दिये हैं, उन्हें उसने स्वयं मुझे दिखाया है।"

"तुम शायद मन में समझते होगे तुम्हारे प्रति मेरी भक्ति अचल है तुम पर मेरा अत्यन्त विश्वास है। मैं भी इसे जानती हूँ; लेकिन अब समझ गयी कि यह बात नहीं है। जितने दिन तक तुम भक्ति के योग्य थे, उत्तने दिनों तक मेरी भक्ति थी जितने दिनों तक तुम विश्वसनीय थे, उतने दिनों तक मैं विश्वास करती रही। अब तुम्हारे प्रति न तो विश्वास है, और न भक्ति ही है। तुम्हारे दर्शन से अब मुझे सुख नहीं होगा। तुम जब घर लौटने लगना तो कृपा करके मुझे खबर दे देना मैं रो-धोकर जैसे बनेगा, पिता के घर चली जाऊँगी।"

गोविन्दलाल ने यथासमय यह पत्र पाया। उनके माथे पर वज्राघात हुआ। केवल हस्ताक्षर और अशुद्धियाँ देखकर ही उन्हें विश्वास हो गया कि यह भ्रमर का लिखा हुआ है। फिर भी मन में बार-बार सन्देह होने लगा भ्रमर उन्हें ऐसा लिख सकती है, इस पर उन्हें विश्वास न होता था।

उसी डाक से और भी अनेक पत्र आये थे। गोविन्दलाल ने सबसे पहले भ्रमर का ही पत्र खोलकर पढ़ा था। पढ़कर स्तम्भित की तरह बहुत देर तक गुमसुम बैठे रहे। इसके बाद अनमने होकर दूसरे पत्र पढ़ने लगे। उसमें उन्होंने ब्रह्मानन्द घोष का भी एक पत्र पाया। कविताप्रिय ब्रह्मानन्द ने लिखा था:—

"भैया! राजा-राजा में युद्ध होता है और प्राण जाता है आश्रितों का। तुम पर बहूजी हर तरह का अत्याचार कर सकती है, लेकिन हमलोगों पर यह क्यों? उन्होंने घोषित किया है कि तुमने रोहिणी को सात हजार रुपयों के गहने दिये हैं; और भी कितनी गर्हित बातें उड़ाई हैं उन्हें लिखते लज्जा मालूम होती है। जो हो, तुमसे मेरी प्रार्थना है—तुम इसका प्रतिकार करो। अन्यथा मैं यहाँ का अपना निवास त्याग दूँगा। इति!"

गोविन्दलाल फिर अचरज में पड़े। भ्रमर ने बात उड़ायी है? कुछ भी तथ्य समझ न सकने के कारण गोविन्दलाल ने उसी दिन आज्ञा लेकर गाँव के लिए रवाना होने को तैयार हुए। नाव तैयार करो!—"यहाँ की जलवायु मेरे अनुकूल नहीं है, मैं कल ही घर जाऊँगा।

दूसरे दिन दुःखी मन से गोविन्दलाल ने नाव की सवारी से घर के लिए यात्रा की।

चौबीसवाँ परिच्छेद

जिससे प्रेम करो, उसे आँखों की ओट होने न दो। यदि प्रेम-बन्धन को दृढ़ रखना हो तो सूत छोटा करो। चाहने वाले को आँखों के सामने रखो। बिना देखे, कितने ही काम उलटे होते हैं। जिसे विदा करते समय कितना रोये थे मन में सोचा था कि शायद उसे छोड़कर जी न सकोगे कई वर्षों के बाद उससे जब फिर मुलाकात हुई, तब केवल यह पूछते हो अच्छी तो हो? शायद इतनी बात भी नहीं हुई बात ही न हुई, आन्तरिक विच्छेद हो गया। शायद क्रोध या अभिमान वश फिर मुलाकात ही न हुई। इतना चाहे न हो, फिर भी एक बार आँख की ओट होते ही, जो पहले था, वह फिर नहीं होता। जो जाता है, वह फिर मिलता नहीं, जो टूट जाता है, वह फिर नहीं बनता। मुक्तवेणी के बाद मुक्तवेणी कहीं देखी है!

भ्रमर ने गोविन्दलाल को परदेश जाने देकर अच्छा नहीं किया। इस समय दोनों जनों के एक साथ रहने से शायद मनोमालिन्य होने न पाता वाद-विवाद में असली बात सामने आ जाती भ्रमर को इतना भ्रम न होता, इतना क्रोध न होता, क्रोध से सर्वनाश भी न होता।

गोविन्दलाल के स्वदेश यात्रा करने पर नायब ने कृष्णकान्त को पत्र लिख दिया कि आज मंझले बाबू ने घर के लिए यात्रा की। यह पत्र डाक से आया। नौका की अपेक्षा डाक पहले आ जाती है। गोविन्दलाल के घर पहुँचने के चार-पाँच दिन पहले ही कृष्णकान्त के पास नायब का पत्र पहुँच गया। भ्रमर ने सुना कि पति आ रहे हैं। उसी समय भ्रमर फिर पत्र लिखने बैठी। चार-पाँच कागज रबी कर के दो-चार घण्टों के बाद एक पत्र लिखकर तैयार हुआ। इस पत्र में उसने अपनी माता को लिखा था—"मैं बहुत बीमार पड़ गयी हूँ। तुम लोग यदि एक बार मुझे लिवा जाओ तो मैं स्वस्थ हो जाऊँगी। बीमारी की बात प्रकट न करना।" इस पत्र को लिखकर गुप्त रूप से क्षीरी मजदूरनी द्वारा आदमी ठीक कराकर भ्रमर ने अपने मायके भेजवा दिया।

देर न करना, रोग बढ़ जाने पर फिर आराम न होगा। हो सके तो कल ही आदमी भेजना यहाँ। यदि माँ के बदले और कोई आदमी होता तो पत्र पढ़ते ही समझ जाता कि इसके अन्दर कोई गोलमाल है। लेकिन माँ अपनी बेटी की बीमारी का हाल पढ़कर एकदम घबड़ा उठीं। भ्रमर की सास को एक लाख गाली देकर अपने स्वामी पर भी बिगड़ीं और रो-धोकर आग्रह किया कि कल ही नौकर लोग पालकी लेकर मजदूरनियों के साथ भ्रमर को लेने जाएँ। भ्रमर के पिता ने कृष्णकान्त को पत्र लिखा। चालाकी से भ्रमर की बीमारी का कोई हाल न लिखकर लिखा कि

भ्रमर की माँ बहुत बीमार हो गई है। भ्रमर को एक बार देखने के लिए भेज दीजिए। दास-दासियों को भी इसी तरह सिखा-पढ़ा दिया।

कृष्णकान्त बड़ी विपद् में पड़े। इधर गोविन्दलाल आ रहे हैं ऐसे समय भ्रमर को मायके भेजना उचित नहीं। उधर भ्रमर की माता बीमार हैं, न भेजने से भी नहीं चलता। आगे-पीछे सोचकर वृद्ध ने चार दिनों के लिए भ्रमर को भेज दिया।

इधर गोविन्दलाल आ पहुँचे। सुना कि भ्रमर अपने मायके गयी है; आज उसे लिवाने के लिए पालकी जाएगी। गोविन्दलाल सब समझ गये। मन-ही-मन बड़ा अभिमान हुआ। उन्होंने मन में सोचा—"इतना अविश्वास! न पूछा, न समझा; मुझे छोड़कर चली गई। मैं अब उस भ्रमर का मुँह न देखूँगा। भ्रमर जिसकी न होगी, क्या वह जिन्दा न रहेगा?

यह सोचकर गोविन्दलाल ने भ्रमर को बुलाने के लिए माता को मना कर दिया। क्यों मना किया, यह प्रकट न किया। उनकी राय पाकर फिर कृष्णकान्त ने बहू को बुलाने की कोई कोशिश न की।

पचीसवाँ परिच्छेद

इस तरह दो-चार दिन बीत गये। न तो भ्रमर को लेने ही कोई गया और न भ्रमर खुद आयी। गोविन्दलाल ने सोचा कि भ्रमर की स्पर्धा बढ़ गयी है, उसे थोड़ा रुलाऊँगा। भ्रमर ने बड़े अविचार का काम किया है, थोड़ा रुलाऊँगा। पहले तो एक-एक कमरे को सूना देखकर खुद रोये। भ्रमर के साथ झगड़ा है, यह सोचकर रोये। भ्रमर के अविश्वास का खयाल कर रोये। फिर आँखों के आँसू पोंछकर क्रोध में आये। क्रोधावेश में भ्रमर को भूलने की चेष्टा करने लगे। लेकिन उसकी स्मृति नहीं जाती। घाव अच्छा हो जाता है, लेकिन घाव का दाग नहीं मिटता। मनुष्य मर जाता है; परन्तु नाम रह जाता है।

अन्त में गोविन्दलाल ने बेवकूफी करके सोचा कि भ्रमर को भूलने की सबसे बढ़िया राह है, रोहिणी का ध्यान। रोहिणी की अलौकिक रूपप्रभा ने एक दिन के लिए भी गोविन्दलाल के हृदय को परित्याग न किया था। गोविन्दलाल जबर्दस्ती उसे अपने हृदय से हटाते थे। लेकिन वह हटती न थी। उपन्यास में पढ़ा है कि किसी घर में भूत का उपद्रव हुआ भूत दिन-रात ताक-झाँक लगाये रहता था। लेकिन ओझा उसे भगा देता था। उसी तरह रोहिणी गोविन्दलाल के हृदय में जबर्दस्ती आकर बैठती है और गोविन्दलाल उसे भगा दिया करते हैं। जैसे जल-तल में चन्द्र-सूर्य

नहीं, बल्कि उनकी छाया रहती है, वैसे ही गोविन्दलाल के हृदय में हमेशा रोहिणी नहीं, बल्कि उसकी छाया बनी रहती है। गोविन्दलाल ने सोचा कि यदि भ्रमर को भूलना है तो रोहिणी को याद करना पड़ेगा अन्यथा यह दुःख भुलाया जा नहीं सकता। अनेक कुचिकित्सक मामूली रोग के लिए भयानक विष का प्रयोग किया करते हैं। गोविन्दलाल भी मामूली रोग के उपचार के लिए भयानक विष प्रयोग में प्रवृत्त हुए अर्थात वे स्वयं अपने पैर पर स्वयं कुल्हाड़ी मारने को तैयार हुए।

रोहिणी की बात पहले स्मृतिमात्र थी, बाद में दुःख में परिणत हो गई। अब वह दुःख वासना में परिणत हुआ। गोविन्दलाल उसी वारुणी-तट पर पुष्पलताओं से घिरे हुए मण्डप के नीचे बैठकर वासना का अनुताप कर रहे थे। वर्षाकाल था, आकाश बादलों से घिरा हुआ था। वर्षा कभी तेज हो जाती थी तो कभी धीमी, लेकिन बन्द न हुई थी। संध्या प्राय: हो चली थी। एक तो शाम के समय का अँधेरा, दूसरे बादलों के घिरे रहने के कारण वारुणी-तट दिखाई न पड़ता था। गोविन्दलाल को धुंधले रूप में दिखाई दिया कि एक स्त्री घाट पर उतर रही है। रोहिणी का वहाँ पहुँचना गोविन्दलाल के मन के अनुरूप हुआ। वर्षा के कारण घाट पर बड़ी फिसलन हो गई है पैर फिसल जाने से पानी में गिरने पर स्त्री विपद् में पड़ सकती है। यंह सोचकर गोविन्दलाल कुछ परेशान हुए। मण्डप में ही बैठे-बैठे उन्होंने आवाज लगाई—"कौन है भाई! आज घाट पर न उतरना, बड़ी फिसलन है, गिर पड़ोगी।"

नहीं कह सकते कि स्त्री ने उनकी बात स्पष्टतया सुनी या नहीं। पानी बरस रहा था मालूम होता है, वर्षा की आवाज के कारण स्त्री ने ठीक से बात सुनी नहीं। उसने अपनी कलसी बगल से उतारकर घाट पर फुकाई और इसके बाद फिर सीढ़ियाँ चढ़ने लगी। वह धीरे-धीरे गोविन्दलाल के पुष्पोद्यान की तरफ बढा। उद्यान का दरवाजा खोलकर उसने प्रवेश किया। इसके बाद वह गोविन्दलाल के पास मण्डप में पहुँच गई। गोविन्दलाल ने देखा सामने रोहिणी है।

गोविन्दलाल ने कहा—"भीगती हुई यहाँ क्यों आयी रोहिणी?"

रो०—"आपने क्या मुझे बुलाया है?"

गो०—"बुलाया नहीं था। घाट पर बड़ी फिसलन है, उतरने के लिए मना कर रहा था। खड़ी-खड़ी भींगती क्यों हो?"

रोहिणी साहस पाकर मण्डप में आ गई। गोविन्दलाल ने कहा—"लोग देखेंगे तो क्या कहेंगे?"

रो०—"जो कहना है, अभी कहती हूँ। आपसे एक दिन कहूँगी, इसलिए बड़ी कोशिश में थी।"

गो०—"मुझे भी इस सम्बन्ध में अनेक बातें पूछनी है। यह बात किसने उड़ायी? तुम लोग भ्रमर को क्यों दोष देती हो?

रो०—"सब बात बताती हूँ, लेकिन यहाँ खड़-खड़ी कहूँ क्या?"

गो०—"नहीं, मेरे साथ आओ।

यह कहकर गोविन्दलाल रोहिणी को बुलाकर बगीचे के बैठकखानों में ले गये।

वहाँ इन लोगों में जिस तरह बातें हुई, उसका यहाँ परिचय देने की हमारी इच्छा नहीं है। केवल इतना ही कहना यचेष्ठ है कि उस रात अपने घर लौटने से पहले रोहिणी यह समझ गई कि गोविन्दलाल उसके सौन्दर्य पर मुग्ध है।

छब्बीसवाँ परिच्छेद

सौन्दर्य पर मुग्ध? कौन किसके सौन्दर्य पर मुग्ध नहीं है! मैं इस हरे-नीले रंगवाले टिड्डे पर मुग्ध हूँ, तुम कुसुमित फूलों की शाखा पर मुग्ध हो इसमें दोष ही क्या है? रूप तो मोह के लिए ही पैदा हुआ है।

गोविन्दलाल ने भी पहले इसी तरह सोचा। पाप की प्रथम सीढ़ी पर चढ़कर पुण्यात्मा भी इसी तरह सोचा करते हैं। लेकिन जैसे बाहरी जगत् में आकर्षण है, वैसे ही अन्तर्जगत में भी पाप का आकर्षण है। पतन की गति पग-पग पर बढ़ती ही जाती है। गोविन्दलाल का अध:पतन भी बड़ी तेजी से हुआ, क्योंकि सौन्दर्य की प्यास ने बहुत दिनों से उनका हृदय सुखा दिया था। हम केवल रो सकते हैं, उस अध:पतन का वर्णन नहीं कर सकते।

क्रमश: कृष्णकान्त के कानों तक गोविन्दलाल और रोहिणी की बात पहुँची। कृष्णकान्त दु:खी हुए। गोविन्दलाल के चरित्र में किसी तरह का कलंक लगने पर उन्हें बहुत दु:ख होता है। मन-ही-मन उन्होंने सोचा कि गोविन्दलाल को उपदेश देंगे लेकिन बीमार पड़ जाने के कारण कुछ न हो सका। वे जैन-कक्ष त्याग ही न पाते थे। गोविन्दलाल उन्हें देखने के लिए नित्य जाते हैं। उस समय सेवकों से घिरे रहने के कारण कृष्णकान्त सबके सामने गोविन्दलाल को कुछ कह नहीं सकते थे। उधर रोग भी बढ़ने लगा। एकाएक कृष्णकान्त के मन में हुआ कि मालूम होता है, चित्रगुप्त का लेखा पूरा हो चला है।

इस जीवन का सागर-संगम सामने है अधिक विलम्ब होने से बात शायद कह भी न सकूँ। एक दिन बहुत रात गये गोविन्दलाल बगीचे से वापस आये उसी दिन कृष्णकान्त ने सोचा कि कहेंगे। गोविन्दलाल उन्हें देखने के लिए आये। कृष्णकान्त ने अन्यासे ही सबको हट जाने को कहा। सबके हटने पर गोविन्दलाल ने कुछ व्प्रतिभ होकर कहा— "आपकी तबीयत अब कैसी है?"

कृष्णकान्त ने क्षीण स्वंर में कहा—"आज तबीयत ठीक नहीं! तुम्हें इतनी रात क्यों हुई?"

गोविन्दलाल ने इस बात का कोई जवाब न देकर कृष्णकान्त का हाथ पकड़कर उनकी नाड़ी देखी। एकाएक गोविन्दलाल का मुँह सूख गया गोविन्दलाल ने केवल इतना ही कहा कृष्णकान्त का जीवन-प्रवाह बड़ी मन्द गति पर था। "मैं अभी आता हूँ।"

कृष्णकान्त के कमरे से निकलकर गोविन्दलाल सीधे कविराज के घर पहुँचे। वैद्य भी आश्चर्य में पड़े। गोविन्दलाल ने कहा—"महाशय! जल्दी दवा लेकर चलिये, तायाजी की तबीयत अच्छी नहीं जान पड़ती।" वैद्य भी घबराकर दवा लेकर दौड़ पड़ा। कृष्णकान्त के कमरे में वैद्य के साथ गोविन्दलाल ने प्रवेश किया। कृष्णकान्त कुछ डरे। कविराज ने नाड़ी देखी। कृष्णकान्त ने पूछा—"क्यों, कुछ शंका हो रही है?" वैद्य ने कहा—"मनुष्य-शरीर में कब शंका नहीं रहती?"

कृष्णकान्त समझ गये; बोले—"कितनी मियाद बाकी है?"

वैद्य ने उत्तर दिया—"दवा खिलाने के बाद बता सकूँगा।"

वैद्य ने खरल में दवा घिस चासकर तैयार की और कृष्णकान्त को खाने के लिए दी। कृष्णकान्त ने औषधि की खल हाथ में लेकर एक बार मस्तक से लगायी, इसके बाद उसे पीकदान में गिरा दिया।

वैद्य दुःखी हुआ। कृष्णकान्त ने यह देखकर कहा—"दुःखी न होइये! दवा खाकर बचने की अवस्था अब मेरी नहीं है। औषधि की अपेक्षा भगवन नाम से अब मेरा उद्धार होगा। तुम लोग नामोच्चारण करो, मैं सुनूँगा।"

कृष्णकान्त के अतिरिक्त और किसी ने भी हरिनाम न लिया। कृष्णकान्त ने गोविन्दलाल से कहा—"मेरे सिरहाने में दराज की चाबी है, उसे निकालो।"

गोविन्दलाल ने तकिये के नीचे से ताली निकाली।

कृष्णकान्त ने कहा—"दराज खोलकर वसीयत बाहर निकालो।"

गोविन्दलाल ने दराज खोलकर वसीयत बाहर निकाली।

कृष्णकान्त ने कहा—"मेरे अपने मुहर्रिर और गाँव के दस भले आदमियों को बुलाओ तो!"

उसी समय बुलाये जाकर नायब, मुहर्रिर, कारकून, चट्टोपाध्याय, मुखोपाध्याय, वन्दोपाध्याय, भट्टाचार्य, घोष, वसु, मित्र, दत्त सब कमरे में घुसे।

कृष्णकान्त ने एक मुहर्रिर को आज्ञा दी—"मेरी वसीयत पढ़ो!" मुहर्रिर ने वसीयत पढ़कर पूरी सुना दी।

कृष्णकान्त ने फिर कहा—"यह वसीयत फाड़ डालना होगा। दूसरी वसीयत लिखो!"

मुहर्रिर ने पूछा—"क्या लिखना होगा?"

कृष्णकान्त बोले—"जिस तरह है, उसी तरह, केवल—"

"केवल क्या?"

"केवल गोविन्दलाल का नाम काटकर उसकी जगह मेरे भतीजे की बहू भ्रमर का नाम लिखो। भ्रमर के न रहने पर गोविन्दलाल इसका आधा पावेगा।"

सब निस्तब्ध रह गये, किसी ने कोई बात न कही। मुहर्रिर ने गोविन्दलाल के चेहरे की तरफ देखा। गोविन्दलाल ने इशारा किया—"लिखो।"

मुहर्रिर ने लिखना शुरू किया। लिखना समाप्त होने पर कृष्णकान्त ने हस्ताक्षर किया; गवाहों ने अपने हस्ताक्षर बनाये। गोविन्दलाल ने स्वयं उपयाचक होकर वसीयत लेकर उस पर अपना हस्ताक्षर बना दिया।

वसीयत में गोविन्दलाल को एक कौड़ी भी नहीं भ्रमर को आधा हिस्सा मिला।

उसी रात भगवन्नाम उच्चारण करते हुए तुलसी चौरे पर कृष्णकान्त ने देह त्यागकर परलोक-गमन किया।

सत्ताईसवाँ परिच्छेद

कृष्णकान्त की मृत्यु की खबर पाकर गाँव के लोगों में बहुत क्षोभ उत्पन्न हुआ। किसी ने—"एक इन्द्र का अन्त हुआ।" किसी ने कहा गरीबों का क्या होगा। किसी ने कहाँ—"एक दिग्पाल मर गया।" किसी ने कहा—"पर्वत-शिखर टूट गया।" कृष्णकान्त विषयी अवश्य थे, किन्तु थे अच्छे आदमी और ब्राह्मण को पर्याप्त दान दिया करते थे। अत: अनेक लोग उनके लिए दु:खी हुए।

सबसे अधिक दु:खी थी भ्रमर। अब काम पड़ने पर भ्रमर को बुलाना ही पड़ा। कृष्णकान्त की मृत्यु के दूसरे दिन गोविन्दलाल की माता ने इन्तजाम करके बहू को बुलाने के लिए आदमी भेजा। भ्रमर ने आकर कृष्णकान्त के लिए रोना शुरू किया।

यह मैं नहीं बता सकता कि गोविन्दलाल और भ्रमर की पहली मुलाकात में रोहिणी के कारण किसी महायुद्ध की सम्भावना है या नहीं। फिर भी, कृष्णकान्त की मृत्यु के कारण वे सारी बातें दबी रह गयीं।

भ्रमर के साथ गोविन्दलाल की जब पहली मुलाकात हुई, तो उस समय भ्रमर अपने ससुर के लिए रो रही थी। गोविन्दलाल को देखकर वह और भी रोने लगी। गोविन्दलाल ने भी आँसू बहाये।

अतएव जिस महाकाण्ड की आशंका थी, वह जाती रही। दोनों ने ही यह समझ लिया। दोनों ने ही अपने मन में विचार किया कि जब पहली मुलाकात में ही कोई बात न कही, तो अब उठाने की जरूरत भी नहीं। महायुद्ध का यह समय नहीं; अर्थात कृष्णकान्त का श्राद्ध-कर्म हो जाए तब जिसके मन में जो है, वह होगा। यही सोचकर एक दिन उपयुक्त समय पाकर गोविन्दलाल ने भ्रमर से कहा—"भ्रमर! तुमसे मुझे बहुत सी बातें कहनी है। बातें करने में मेरी छाती फट जाएगी पितृशोक से भी बढ़कर जो शोक हो सकता है, आज मैं उसी से कातर हूँ। अत: इस समय वे बातें मैं उठा नहीं सकता। श्राद्ध के बाद जो कुछ कहना होगा, कहूँगा। इस बीच वह प्रसंग उठाने की जरूरत नहीं।"

भ्रमर ने भी बड़े कष्ट से आँखों के आँसू रोककर सारे परिचित देवता का स्मरण कर कहा—"मुझे भी कुछ कहना है। जब अवकाश मिले काली, दुर्गा, शिव, हरि तो पूछना।"

और कोई बात न हुई! जिस तरह दिन बीतते हैं, वैसे ही बीतने लगे। हाँ, देखने में तो उसी तरह कटने लगे; लेकिन दास-दासी, गृहिणी, पड़ोसी, आत्मीय-स्वजन, कोई भी यह न जान सका कि आकाश में मेघ छा गये हैं, कुसुम में कीड़े ने प्रवेश किया है, इस चारु प्रेम-प्रतिमा में घुन लग गये हैं। जो पहले था, आज वह नहीं है जो हँसी पहले थी, आज वह हँसी नहीं है। क्या भ्रमर नहीं हँसती जो हँसी पहले थी, आज वह हँसी नहीं है। क्या भ्रमर नहीं हँसती? गोविन्दलाल क्या नहीं हँसते हैं, लेकिन उस हँसी में वह पहले जैसा मजा न रहा। आँख से आँख मिलते ही जो हँसी आप से आप उछल पड़ती थी, वह हँसी अब नहीं है। जिस हँसी में आधी प्रीति और आधी हँसी रहती थी, वह अब नहीं है। जिस हँसी के बल से संसार सुखी है जिसके अर्धांश से लोग सुखी है, अर्धांश से कहते हैं इच्छा पूरी नहीं हुई, अब वह हँसी नहीं है। अब वह कटाक्ष भी नहीं जिस कटाक्ष को देखकर भ्रमर सोचती थी—"इतना रूप!" जिस दृष्टि को देखकर गोविन्दलाल सोचते—"इतना गुण!" वह दृष्टि अब नहीं है। जिस दृष्टि में गोविन्दलाल की स्नेहपूर्ण आनंदभरी और एकटक आँखें देखकर भ्रमर मन में सोचती थी कि शायद इस प्रेम-समुद्र को इस जीवन में तैरकर पार कर नहीं सकूँगी जिस दृष्टि

को देखकर गोविन्दलाल उसके ध्यान में संसार को भूल जाते थे, वह दृष्टि अब नहीं है। अब वह प्रिय सम्बोधन भी नहीं है—वह भ्रमर, भोमरा, भोमर, भोम, भूमि, भूम, भों-भों—यह सब नित्य नये, नित्य नव-स्नेहपूर्ण, सुखपूर्ण सम्बोधन अब नहीं हैं। वह काली, कालाचाँद, काली बिजली, कालामणिक, कालिन्दी आदि प्रिय सम्बोधन नहीं है, वह आपस में एक होना, पुकारना अब नहीं है। वह व्यर्थ की बकवास, झगड़ा-लड़ाई अब नहीं है। वह बातों का अभिनव ढंग भी नहीं। पहले बातें समाप्त ही न होती थीं, अब बातें खोजकर निकालनी पड़ती है। पहले बातें आधी भाषा से, आधी आँखों से, अधर-अधर पर प्रकट होती थीं अब वे सब बातें छप्पर पर गयीं। पहले जिस प्रकार बातों का प्रयोजन नहीं—केवल कण्ठस्वर सुनने की कामना रहती थी, अब वह सब लुप्त हैं। पहले गोविन्दलाल और भ्रमर के एक जगह रहने पर कोई खोजकर गोविन्दलाल को पाता न था कोई पुकारकर भी भ्रमर की खबर पाता न था। वही अब एकत्र होने पर 'बड़ी गरमी है' या 'कोई बुलाता है' कहकर एक-न-एक वहाँ से हट जाता है। यह सुन्दर पूर्णिमा बादलों से टैंक गयी है। कार्तिकीय पूर्णिमा को ग्रहण लग गया है। किसने उस सोने में जस्ते की खाद मिला दी किसने उस मिले हुए स्वर का तार तोड़ दिया है?

अब उस मध्यान्ह रतिकार प्रफुल हृदय में अँधेरा हो गया है। गोविन्दलाल उस अन्धकार को दूर करने के लिए प्रकाश के लिए रोहिणी का चिन्तन करते थे। भ्रमर उस अन्धकार को मिटाने के लिए यम का चिन्तन करती थी। हे यमराज! तुम्हीं निराश्रय के आश्रय, जगत् की एक-मात्र गति, प्रेमशुन्य के लिए प्रीतिकारक हो! चित्त प्रफुल्ल करने वाले, दुःख दूर करने वाले विपद्भंजन, दीनरंजन तुम्हीं हो। हे यम! निराशा की अवज्ञा, अप्रेमी के प्रेमी तुम्हीं हो! यम हे यमराज! भ्रमर को ग्रहण करो।

अट्ठाईसवाँ परिच्छेद

इसके बाद कृष्णकान्त राय का श्राद्ध धूमधाम से हो गया। शत्रुओं ने कहा—“हाँ, घटा-घिरी, पाँच-सात-दस हजार रुपये उड़ गये।” मित्र लोगों ने कहा—“एक लाख रुपये खर्च हुए।” कृष्णकान्त के उत्तराधिकारियों ने अपने मित्रों से कहा “लगभग पचास हजार रुपये खर्च हुए हैं।” हमने खाता देखा है—कुल व्यय ३२३५६।—)।। है।

जो हो, कई दिन बड़े झंझट में कटे। हरलाल श्राद्धाधिकारी थे, उन्हीं ने आकर श्राद्ध किया। कई दिन मक्खियों की भनभनाहट से, तेज-पत्ते की झलझलाहट से, कंगालों के कोलाहल से, नैयायिकों के विचार-विमर्श से गाँव में कान नहीं दिया जाता था। संदेश

मिठाई की बाढ़, कंगालों की बाढ़, रामनामी छापे चादर की बाढ़, कुटुम्ब के कुटुम्ब, उसके कुटुम्ब, उसके भी कुटुम्ब वालों की बाढ़ थी। लड़कों ने मोतीचूर के लड्डू लेकर गेंद खेलना शुरू किया स्त्रियों ने नारियल के तेल की कमी देखकर पूरी का घी बालों में लगाना शुरू किया होटल वालों का होटल बन्द हो गया सब माँसखोर फलाहारी हो गये; शराब की दुकान बन्द हो गयी सब शराबी रामनामी दुपट्टे ओढ़कर दक्षिणा लेने के लिए पहुँच गये। चावल का अकाल पड़ गया केवल अन्न-व्यय ही नहीं, इतना मैदा खर्च हुआ कि चावल के बिना लोगों का काम ही नहीं चलता। इतना घी खर्च हुआ कि बाजार में कैस्टर ऑयल कम हो गया। अहीरों के यहाँ दूध लेने जाने पर वे कहते थे—"हमलोगों का दूध ब्राह्मण के आशीर्वाद से दही बन गया है।"

किसी तरह श्राद्ध का झंझट समाप्त हुआ। हरलाल ने देखा कि वसीयत में बहुत से गवाह हैं वसीयत पढ़े जाने की सलाह हुई। वसीयत पढ़कर किसी तरह की जालसाजी की गुंजाइश नहीं है। हरलाल श्राद्ध समाप्त होने पर अपने स्थान को लौट गये।

वसीयत पढ़ने-सुनने के बाद गोविन्दलाल ने भ्रमर से कहा—"वसीयत की बात सुनी?"

भ्रमर—"क्या?"

गो०—"तुम्हारे नाम आधी सम्पत्ति है।"

भ्रमर—"मेरी नहीं तुम्हारी है।"

गो०—"अब हमारे-तुम्हारे में कुछ फर्क पड़ गया है। मेरी नहीं, तुम्हारी है।"

भ्रमर—"यह भी होने से तो तुम्हारी ही हुई!"

गो०—"तुम्हारे धन का मैं भोग नहीं कर सकता।"

"भ्रमर को बड़ी रुलाई आयी, लेकिन उसने अहंकार के वशीभूत होकर रूलाई पीकर कहा क्या करोगे?" —"तब?"

गो०—"जिससे दो पैसा कमा सकूँ, वही करूँगा।"

भ्रमर—"वह क्या?"

गो०—"देश-विदेश घूमकर नौकरी को पेश करूँगा।"

भ्रमर—"सम्पत्ति मेरे बड़े ससुर की नहीं है, मेरे ससुर की है। तुम्हीं उनके उच्चाधिकारी हो, मैं नहीं हूँ। बड़े ससुर को पतीपत करने का कोई अधिकार नहीं पतीपत नांवाचन है। मेरे पिक ने श्राद्ध के समय हर वह बात मुझे समझा दी है। सम्पत्ति तुम्हारी है, मेरी नहीं।

गो०—"मेरे ताया झूठे नहीं थे। सम्पत्ति तुम्हारी है मेरी नहीं उन्होंने तुम्हारे नाम लिख दी है तो सम्पत्ति तुम्हारी है, मेरी नहीं।"

भ्रमर—"यदि तुम्हें संदेह हो, तो मैं सम्पत्ति तुम्हारे नाम लिख दे सकती हूँ।"

गो०—"तुम्हारा धन लेकर जीवन धारण करना पड़ेगा मुझे?"

भ्रमर—"इसमें हर्ज ही क्या है। मैं तुम्हारी संगिनी नहीं हूँ क्या?"

गो०—"आजकल ये बातें शोभा नहीं देती है, भ्रमर!"

भ्रमर—"मैंने क्या किया है? मैं तुम्हें छोड़कर इस संसार में और किसी को नहीं जानती। आठ वर्ष की उम्र में मेरी विवाह हुई थी, आज सत्रह वर्ष की हुई हूँ। इन नौ वर्षों में मैं और कुछ नहीं जानती। मैं तो केवल तुम्हें ही जानती हूँ, तुम्हारे द्वारा प्रतिपालित हूँ, तुम्हारे खेल का खिलौना हूँ, मुझसे क्या अपराध हुआ है?"

गो०—"मन में सोचकर देखो!"

भ्रमर—"असमय में पिता के घर चली गयी थी गलती हुई है। मुझसे लाखों अपराध हुए है—मुझे क्षमा करो! मैं और कुछ नहीं जानती, सिर्फ तुम्हें जानती हूँ इसलिए मन में अभिमान आ गया था।"

गोविन्दलाल चुप रहे। उनके सामने बाल बिखेरे, आँसू बहाती हुई, विवश कातर और मोहमयी वह सत्रहवर्षीय सहधर्मिणी उनके पैरों पर लोट रही थी। मगर गोविन्दलाल चुप रह गये। वे मन में सोच रहे थे—"यह काली है, रोहिणी कितनी सुन्दरी है! इसके पास गुण है रोहिणी के पास रूप है। इतने दिनों तक गुणों का उपभोग किया है कुछ दिनों तक सौंदर्य का उपभोग करूँगा। अपना यह असार, आज्ञाशून्य, प्रयोजनशून्य जीवन इच्छानुसार बिताऊँगा। फिर मिट्टी के कड़े को जिस दिन चाहूँगा, तोड़ डालूँगा।"

भ्रमर पैर पकड़कर रो रही थी—"क्षमा करो! मैं बालिका हूँ!"

जो अनन्त सुख-दुःख के विधायक है, जो अन्तर्यामी कातर के बन्धु हैं, अवश्य उन्होंने इन बातों को सुना; लेकिन गोविन्दलाल ने न सुना चुप रह गये। गोविन्दलाल रोहिणी का ध्यान कर रहे थे—तीव्र ज्योतिर्मयी, अनन्त प्रभाशालिनी, प्रभात के शुक्रतारा के समान रूपतरंगिणी चंचला रोहिणी का ध्यान कर रहे थे।

भ्रमर ने उत्तर न पाकर कहा—"क्या कहते हो?"

गोविन्दलाल ने कहा—"मैं तुम्हारा परित्याग करूँगा!"

भ्रमर ने पैर छोड़ दिया। वह उठी। बाहर जा रही थी कि चौकठ से ठोकर खाकर गिरकर बेहोश हो गयी।

उनतीसवाँ परिच्छेद

मैंने क्या अपराध किया है कि मुझे त्याग दोगे? यह बात भ्रमर गोविन्दलाल के सामने कह न सकी। लेकिन इस घटना के बाद हर क्षण वह अपने मन से पूछने लगी—"मेरा क्या अपराध है?"

गोविन्दलाल भी मन-ही-मन विचार करने लगे—"भ्रमर का क्या दोष है?" भ्रमर से जो सबसे बड़ा अपराध हुआ है, वह गोविन्दलाल के मन में एक तरह से बैठ गया है। लेकिन वह अपराध क्या है, यह वे खोजकर भी पा न सके। सोचने पर मन में विचार उठता है कि भ्रमर ने अपने मन में मेरे प्रति जो अविश्वास किया है। अविश्वास करके ही जो इतना कठोर पत्र मुझे लिखा था—एक बार उसने सत्य-मिथ्या के बारे में पूछा भी नहीं यही उसका अपराध है। जिसके लिए इतना किया, इतना सहज ही उसने मुझ पर अविश्वास किया यही उसका अपराध है। हमने कुमति-सुमति की बात पहले ही लिखी है। गोविन्दलाल के हृदय में पास-पास बैठकर दोनों में जो तर्क-वितर्क हो रहे थे, उसे सुनाता हूँ।

कुमति ने कहा—"भ्रमर का पहला अपराध यही है कि उसने अविश्वास किया।"

सुमति ने उत्तर दिया—"जो अविश्वास के योग्य है, उस पर क्यों न अविश्वास होगा? तुम रोहिणी के साथ मनमाना प्रणय कर रहे हो भ्रमर ने यही सोचकर सन्देह किया था। क्या यही उसका दोष है?

कुमति—"अब न मैं दोषी हुआ हूँ! लेकिन भ्रमर ने जिस समय अविश्वास किया था, उस समय तो मैं निर्दोष था।"

सुमति—"दो दिन आगे-पीछे से क्या आता-जाता है? दोष तो किये न! जो दोष करने में सक्षम है, उसे दोषी करार देना क्या भारी अपराध है?"

कुमति—"भ्रमर ने मुझे दोषी ठहराया, इसीलिए मैं दोषी हो गया साहु को चोर बना देने से वह चोर हो जाता है।"

सुमति—"दोष जो चोर कहे उसका है जो चोरी करता है, उसका नहीं? वाह!"

कुमति—"तेरे साथ झगड़ा करके मैं पार न पाउँगी। देखो न, भ्रमर ने मेरा कैसा अपमान किया है! मैं परदेश से आ रहा हूँ, यह सुनकर बाप के घर चली गयी।"

सुमति—"उसने जो कुछ सोचा था, उसमें यदि उसका विश्वास दृढ़ था, तो ऐसी हालत में उसने कुछ बुरा न किया। स्वामी के वेश्यागामी हो जाने पर, नारी-देह धारण करने वाली कौन धर्म-पत्नी होगी जो क्रोध न करेगी!"

कुमति—"यह विश्वास ही तो उसका भ्रम है और दोष ही क्या है!"

सुमति—"यह बात क्या कभी उसने पूछी?"

कुमति—"नहीं।"

सुमति—"तुम बिना पूछे क्रोध करती हो और भ्रमर तो नितान्त बालिका है। बिना पूछे ही क्रोध का इतना बड़ा हुल्लड़? यह सब व्यर्थ की बातें हैं रोग का असली कारण बताऊँ?"

कुमति—"क्या, कहो न!"

*सुमति—"असली जड़ रोहिणी है। रोहिणी में ही तुम्हारा प्राण बसा हुआ है इसलिए काली भ्रमर अब अच्छी नहीं लगती है।"

कुमति—"इतने दिनों तक भ्रमर कैसे अच्छी लगी?"

सुमति—"उस समय तक रोहिणी मिली न थी। एक ही दिन में तो कुछ हो नहीं समय पर सब बातें होती हैं। आज धूप निकली हुई है, इसलिए करत दुर्दिन नहीं हो सकता? जाता केवल यही नहीं और भी कुछ है।"

कुमति—"और क्या?"

सुमति—"कृष्णकान्त की वसीयत बुढऊ मन-ही-मन जानते थे कि सम्पत्ति भ्रमर के नाम लिखने के माने भी यही है कि वह गोविंदलाल की है। यह भी जानते थे कि भ्रमर उस सम्पत्ति को एक महीने के अन्दर तुम्हारे नाम लिख देगी। लेकिन अन्ततः तुम्हें दुष्ट कुपथगामी देखकर चरित्र सुधारने के लिए तुम्हें भ्रमर के अँचल में बाँध गये, और तुम इतनी-सी बात न समझकर भ्रमर के ऊपर क्रोध कर रहे हो!"

कुमति—"यह तो ठीक है। लेकिन क्या मैं स्त्री का दिया धन खाऊँगा?"

सुमति—"सम्पत्ति तो तुम्हारी ही है। भ्रमर से तुम क्यों नहीं अपने नाम करा लेते?"

कुमति—"वही तो कहता हूँ, क्या स्त्री के दान पर जीवन-धारण करूँ?"

सुमति—"अरे बाप रे! बड़े भारी पुरुषसिंह हो? तो भ्रमर पर मुकदमा करके डिग्री क्यों नहीं करा लेते? सम्पत्ति तो तुम्हारी पैतृक है ही!"

कुमति—"स्त्री के साथ मुकदमेबाजी करूँ?"

सुमति—"और क्या करोगे? बाजार जाओ बाजार!"

कुमति—"इसी चेष्टा में तो है!"

सुमति—"रोहिणी साथ जाएगी न?"

इस पर सुमति-कुमति में खूब झोंटा-झोंटी और घूंसी-घूंसा हुआ।

तीसवाँ परिच्छेद

मेरा ऐसा विश्वास है कि गोविन्दलाल की माता यदि पक्की गृहिणी होतीं, तो फूँक मात्र से इस काले मेघ को उड़ा देतीं। वह समझ गई थीं कि भ्रमर के साथ बेटे का आन्तरिक कलह हो गया है। स्त्रियाँ यह सहज ही समझ जाती है। यदि इस समय वे अपने उपदेश, स्नेहवाक्य और स्त्रीस्लम चातुर्य से काम लेंती और इसका प्रतिकार करना चाहतीं, तो अवश्य सुफल दिखाई देता। लेकिन गोविन्दलाल की माता पक्की गृहिणी नहीं हैं; विशेषत: पुत्र-बधू के सम्पत्ति की अधिकारिणी बन जाने पर कुछ स्वयं जल उठी थीं। भ्रमर पर उनका यह स्नेह ही नहीं था, तो वे भ्रमर की भलाई कैसे चाह सकती थीं? पुत्र के रहते हुए धन की मालिकिन बहु हुई, यह उन्हें असह्य हो गया। उन्होंने एक बार भी अनुरोध न किया कि भ्रमर और गोविन्दलाल की सम्पत्ति एक-दूसरे के लिए अभिन्न है और विशेषत: गोविंदलाल के चरित्र-दोष के कारण ही उन्हें दंड देने के लिए कृष्णकान्त राय ने ऐसा किया। उन्होंने एक बार भी यह न समझा कि वृद्धावस्था में कृष्णकान्त विकृतवृद्धि होने के कारण यह अनुचित कार्य नहीं कर गये हैं। उन्होंने सोचा कि बहू के मालकिन होने पर केवल खाने-पहनने की अधिकारिणी होकर एक कुटुम्बी की तरह मुझे इस घर में रहना पड़ेगा। अतएव उन्होंने संसार-त्याग करना ही श्रेयस्कर समझा। एक तो पतिहीनता, कुछ आत्मपरायण भी, दूसरे पुत्र-स्नेह के कारण पति-वियोग के समय से काशीवास की इच्छुक होकर भी जा न सकी थीं। इस समय वह भावना और भी प्रबल हुई।

उन्होंने गोविन्दलाल से कहा—"मालिकों ने एक-एक कर स्वर्ग का रास्ता लिया। अब मेरा भी समय समीप आ गया है। इस समय तुम पुत्र का कर्तव्य पालन करो, मुझे काशी भेज दो!"

गोविन्दलाल भी एकाएक इस प्रस्ताव पर सहमत हो गये। बोले—"चलो, मैं तुम्हें स्वयं काशी पहुँचा आऊँगा।" दुर्भाग्यवश इस समय भ्रमर फिर मायके गयी थी। किसी ने उन्हें मना न किया। अतएव भ्रमर की अनुपस्थिति में ही गोविन्दलाल काशी-यात्रा की सारी तैयारी करन लगे। उनकी अपने नाम कुछ सम्पत्ति थी, उसे उन्होंने बेचकर चुपचाप कुछ धन संचय किया। सोना,

हीरा इत्यादि जितनी मूल्यवान सम्पत्ति थी, सब उन्होंने बेच डाली। इस तरह कुल कोई एक लाख रुपये संग्रहीत हुए। गोविन्दलाल ने इसी के द्वारा भविष्य जीवन बिताने का निश्चय किया।

इसके बाद माता के साथ काशी-यात्रा का दिन तय करके उन्होंने भ्रमर को बुलवा भेजा। सास काशीवास करेंगी—यह सुनकर भ्रमर तुरंत आयी और उसने सास के पैरों पर गिर कर रोते हुए कहा—"माँ, मैं बालिका हूँ मुझे अकेली छोड़कर न जाओ! मैं संसार-धर्म आदि कुछ नहीं जानती। माँ, यह संसार समुद्र है मुझे इसमें अकेली डुबाकर न जाओ।"

सास ने कहा—"तुम्हारी बड़ी ननद है। मेरी ही तरह वह तुम्हारा खयाल रखेगी और अब तुम भी गृहिणी हुई।"

भ्रमर कुछ न समझ सकी केवल रोती रही।

भ्रमर ने देखा, सामने महाविपद् है। सास त्यागकर जा रही है मेरे पति भी उन्हें पहुँचाने के लिए जा रहे हैं—"वह भी पहुँचाने जाकर शायद फिर न लौटेंगे। भ्रमर गोविन्दलाल के पैर पकड़कर फूट-फूटकर रोने लगी। बोली—"बता जाओ, कितने दिनों में लौटोगे?"

गोविन्दलाल ने कहा—"कह नहीं सकता। लौटने की इच्छा तो नहीं है।"

भ्रमर पैर छोड़कर उठ खड़ी हो गयी। उसने मन में सोचा—"डर काहे का है? जहर खा लूँगी!"

इसके बाद निश्चित किया हुआ यात्रा का दिन आ गया। पालकी द्वारा हरिद्रा गाँव से कुछ दूर जाने पर ट्रेन मिलती है। यात्रा का शुभ लग्न उपस्थित हुआ सब तैयार हो गये। सबेरे-ही-सबेरे सन्दूक, विस्तर, बॉक्स, बैग, गठरी आदि मजदूरे ढोने लगे। साथ में जाने वाले दास-दासी धुले वस्त्र पहनकर दरवाजे के पास खड़े हो पान खा रहे थे। दरवानों ने अपनी पोशाक पहन कर लाठी हाथ में लेकर पालकी ढोने वाले कहारों पर रोब जमाना शुरू किया। मुहल्ले के बच्चे और स्त्रियाँ देखने के लिए आ जमीं। गोविन्दलाल की माता ने गृह-देवताओं को प्रणाम कर, गाँव वालों से यथा-योग्य सम्भाषण कर रोते-रोते शिविकारोहण किया। सम्बन्धी-पड़ोसी सभी रोने लगे। वह पालकी पर चढ़कर आगे बढ़ीं।

इधर गोविन्दलाल अन्यान्य लोगों से प्रिय सम्भाषण कर शयन-गृह में भ्रमर से विदा होने के लिए चले। भ्रमर को रोते हुए हिचकियाँ भरते देखकर वे जो कहने आये थे, कह न सके केवल इतना ही कहा—"भ्रमर! मैं माँ को पहुँचाने जा रहा हूँ।"

भ्रमर ने बड़े कष्ट से अपनी आँखों से आँसू पोंछकर कहा—"माँ वहाँ रहेंगी। तुम तो लौटकर आआगे न?"

भ्रमर ने उपर्युक्त प्रश्न जब किया तो उसकी आँखों के आँसू सूख गये थे उसके स्वर में दृढ़ता, गम्भीरता, उसके होंठों पर दृढ़ प्रतिज्ञा को देखकर गोविन्दलाल कुछ अचरज में आये एकाएक कोई जवाब न दे सके। भ्रमर ने पति को चुप देखकर फिर कहा—"देखो, तुम्हीं ने मुझे सिखाया था कि सत्य ही एकमात्र धर्म, सत ही एकमात्र सुख है। आज तुम मुझसे सच कहो! मैं तुम्हारी आश्रित बालिका हूँ, मुझे आज धोखा न देना बोलो, कब आओगे?"

गोविन्दलाल ने जवाब दिया—"तो फिर सच ही सुन लो मेरी लौटने की इच्छा नहीं है।"

भ्रमर—"क्यों इच्छा नहीं क्या यह बता जाओगे?"

गो०—"यहाँ रहने से तुम्हारा अन्नदास होकर रहना पड़ेगा।"

भ्रमर—"तो इसमें हर्ज क्या है? मैं तो तुम्हारी दासी की भी दासी हूँ।"

गो०—"मेरी दासानुदासी भ्रमर मेरे परदेश से लौटने की प्रतीक्षा में खिड़की पर बैठी रहती, ऐसे समय मायके न चली जाती!"

भ्रमर—"इसके लिए कितना पैर पड़ चुकी हूँ क्या एक अपराध क्षमा नहीं किया जा सकता?"

गो०—"उस तरह के अब सैकड़ों अपराध होंगे। तुम अब सम्पत्ति की मालिक हो।"

भ्रमर—"देखो!" यह बात नहीं। मैं इस बार मायके शकर, पिता की सहायता से जो कर आयी हूँ उसे यह कहकर भ्रमर ने एक कागज दिया। उसे गोविन्दलाल के हाथ में देकर कहा—"पढ़ो!"

गोविन्दलाल ने पढ़कर देखा—दानपत्र है। भ्रमर ने उचित मूल्य के स्टैम्प पर अपनी सारी सम्पत्ति गोविन्दलाल को दान कर दी थी उसकी रजिस्ट्री हो चुकी थी। गोविन्दलाल ने उसे पढ़कर कहा—"तुम्हारे योग्य जो कार्य था, उसे तुमने किया है। लेकिन मेरा-तुम्हारा क्या सम्बन्ध है? मैं तुम्हें अलंकार लाकर दूँ और तुम उसे पहनो यह नहीं कि तुम सम्पत्ति दान करो और मैं उसका भोग करूँ!" यह कहकर गोविन्दलाल ने उस बहुमूल्य दान-पत्र को टुकड़े-टुकड़े कर फाड़ फेंका।

गो०—"रहने दो रहने दो। मैं चला!"

भ्रमर—"कब आओगे?"

गो०—"न आऊँगा।"

भ्रमर—"क्यों? मैं तुम्हारी धर्मपत्नी हूँ; तुम्हारी आश्रिता हूँ, तुम्हारे द्वारा प्रतिपालित हूँ। तुम्हारी दासी की भी दासी हूँ। तुम्हारे कण्ठस्वर की भिखारिणी हूँ, फिर तुम क्यों न आओगे?"

गो०—"इच्छा नहीं है।"

भ्रमर—"क्या धर्म भी नहीं है।"

गो०—"शायद वह भी नहीं!"

बड़े कष्ट से भ्रमर ने अपने आँसू रोके। दृढ़ता से आँसू पलट गये। इसके बाद भ्रमर हाथ जोड़कर अति कम्पित कण्ठ से कहने लगी—"जाओ हो सके तो न आना! मुझ निरपराधिनी का त्याग करना चाहते हो तो करो! लेकिन याद रखना, ऊपर भगवान हैं याद रखना, एक दिन मेरे लिए तुम्हें रोना पड़ेगा! याद रखना, एक दिन तुम खोजोंगे कि इस पृथ्वी पर अकृत्रिम आन्तरिक स्नेह कहाँ है। देवता साक्षी हैं यदि मैं सती होऊँगी तो तुम्हारे लिए, तुम्हारे चरणों में यदि मेरी भक्ति होगी, तो मेरी-तुम्हारी फिर मुलाकात होगी। मैं इसी आशा पर अपने प्राण रखूँगी! आ जाओ, इच्छा हो तो । मिथ्या है, भ्रमर असली-कुलटा है! तुम जानों, मुझे कोई दुःख नहीं। तुम मेरे हो रोहिणी के नहीं यह कहकर भ्रमर ने भक्तिपूर्वक पति-चरणों में प्रणाम कर तेज गति से दूसरे कमरे में जाकर दरवाजा बन्द कर लिया।

इकतीसवाँ परिच्छेद

इस कथा के शुरू होने के पहले ही भ्रमर के पुत्र होकर सूतिकागृह में ही मर चुका था। भ्रमर आज दूसरे कमरे में जाकर अपने सात दिन के उस मृत पुत्र के लिए रोने लगी। फर्श पर लेटकर धूल में सनी हुई, विवश नि:श्वास फेंकती हुई पुत्र के लिए रोने लगी—"मेरी आँखों की पुतली, मेरे कंगाल के सोना, आज तुम कहाँ हो? आज तेरे रहते किसकी हिम्मत थी कि मुझे त्याग देता! मेरी ममता तो उन्होंने तोड़ दी, तेरी ममता कैसे तोड़ते। मैं कुरूप, कुत्सिता हूँ मुझे कौन कुत्सित कहता? तुमसे बढ़कर कौन सुन्दर है? एक बार दिखाई दे जाओ, बेटे! इस विपद् के समय क्या एक बार भी दिखाई न दोगे? मर जाने पर क्या कोई फिर दिखाई नहीं देता?"

इसके बाद भ्रमर हाथ जोड़कर ऊपर आकाश की तरफ देखती हुई देवताओं से पूछने लगी—"कोई मुझे बता दो मेरे किस दोष से, इस सत्रह वर्ष की उम्र में मेरी ऐसी असम्भव दुर्दशा हुई, मेरा पुत्र मरा मेरे स्वामी ने मुझे त्याग दिया। मेरी उम्र कुल अभी सत्रह वर्ष है मुझे इस उम्र में पति-प्रेम छोड़कर और कुछ न चाहिए। मुझे इहलोक में और कोई कामना नहीं है और कोई कामना करना सीखा ही नहीं! मैं इस सत्रह वर्ष की अवस्था में इससे निराश क्यों हुई?"

भ्रमर ने रो-पीटकर निश्चय किया कि देवतागण नितांत निष्ठुर है। जब देवता ही निष्ठुर हैं, तब मनुष्य सिवा रोने के और क्या कर सकता है? मैं अभी सिर्फ रोऊँगी। भ्रमर सिर्फ रोने लगी।

इधर गोविन्दलाल भ्रमर के पास से विदा होकर धीरे-धीरे बाहर आये। हम सत्य बात कहेंगे—गोविन्दलाल आँखों के आँसू पोंछते-पोंछते बाहर आये। गोविन्दलाल के मन में आया कि उस बालिका की प्रीति बड़ी भोली है अकृत्रिम, उद्वेलित, बात-बात में व्यक्त है, जिसका प्रवाह दिन-रात बहता है। भ्रमर का वही अमूल्य प्रेम पाकर गोविन्दलाल सुखी हुए थे। मन में आया कि जिसका वे त्याग कर रहे है, वह शायद फिर पृथ्वी पर प्राप्त न होगा। सोचा, अब आगे बढ़ चुका हूँ पीछे पैर नहीं रख सकता। अब तो जाना ही होगा! आज यात्रा कर रहा हूँ, शायद फिर लौटना न हो सके। जो हो, जब यात्रा निश्चित की है तो जाना ही चाहिये।

उसी समय यदि गोविन्दलाल दो कदम पीछे पलटकर भ्रमर के बन्द दरवाजे पर धक्का देकर एक बार कह देते भ्रमर! मैं लौटकर आता हूँ तो सब कलह मिट जाता। गोविन्दलाल की कई बार यह इच्छा हुई, लेकिन इच्छा होते हुए भी वे कर न सके इच्छा होने पर भी लज्जा मालूम हुई। सोचा-इतनी जल्दी काहे की है। जब इच्छा होगी तो लौट आऊँगा। भ्रमर के सामने गोविन्दलाल अपराधी हैं। फिर भ्रमर के सामने आने का साहस न हुआ। जो हो, कुछ निश्चय करने की बुद्धि उनकी न हुई। जिस राह पर आगे बढ़ रहे थे, उसी राह से बढ़ने लगे। चिन्ता त्यागकर वे मोह के बाहर निकले और सजे हुए घोड़े पर चढ़कर एड़ लगायी। राह में जाते-जाते रोहिणी की रूपराशि हृदय में फूट पड़ी।

दूसरा खण्ड

पहला परिच्छेद

पहला वर्ष

हरिद्रा गाँव के मकान में खबर आयी काशी पहुँच गये। भ्रमर के पास कोई पत्र न कर्मचारियों के पास आने लगे। गोविन्दलाल माता आदि के साथ निर्विघ्न कुशलपूर्वक आया। अभिमानवश भ्रमर ने कोई पत्र न लिखा। पत्रादि एक मास बीन दो मास बीन पत्र बराबर आ-जा रहे। अंत में एक दिन खबर आयी कि गोविन्दलाल ने काशी से घर के लिए प्रस्थान किया है।

भ्रमर समझ गयी कि गोविन्दलाल ने केवल माता को धोखा देने के लिए बहाना किया है, और कहीं अन्यत्र जा रहे हैं। घर आएँगे इसका भरोसा उसे न था।

इसी समय भ्रमर छिपे-छिपे सदा रोहिणी की खबर लेता रही। रोहिणी रसोई बनाती है, खाती है, शरीर मल-मलकर साफ करती है। पानी भरती है इसके अतिरिक्त और कोई खबर नहीं। इसके बाद ही एक दिन खबर आयी कि रोहिणी है घर के अन्दर मुँह छिपाकर पड़ी रहती है। बाहर नहीं निकलती। ब्रह्मानन्द खुद रसोई बनाते और खाते हैं।

इसके बाद एक दिन खबर आयी कि रोहिणी कुछ अच्छी हुई है, लेकिन रोग की जड़ गयी नहीं है। शूल रोग है इसकी कोई उपचार नहीं। रोहिणी आरोग्य होने के लिए गले में फाँसी लगाने के लिए तारकेश्वर जाएगी। अन्त में खबर मिली रोहिणी गले में फाँसी लगाने के लिए तारकेश्वर गयी। अकेली ही गयी है साथ में कौन जाएगा!

इधर तीन-चार महीने बीत गये, गोविन्दलाल लौटकर न आये पाँच-छः महीने हुए गोविन्दलाल लौटे नहीं। भ्रमर को खाने का मन न था सिर्फ मन में यही चिन्ता रहती थी वे कहाँ हैं, कैसे हैं, खबर मिले तो जान में जान आए। यह संवाद ही मैं क्यों नहीं पाती।

अन्त में ननद द्वारा सास को पत्र लिखाया आप माता है अवश्य ही पुत्र का संवाद पाती होंगी। सास ने उत्तर में लिखा कि वे गोविन्दलाल की खबर पाया करती है। मगर वे शीघ्र ही वहाँ से दूसरी जगह कही स्थायी रूप में ठहरते नहीं हैं।

इधर रोहिणी भी फिर न लौटी। भ्रमर सोचने लगी भगवान ही जानें कि रोहिणी कहाँ गयी? मैं अपने मन का सन्देह अपने मुँह से न निकालूँगी। भ्रमर अब अधिक सह न सकी रोते-रोते ननद से कहकर पालकी की सवारी से वह अपने पिता के घर चली गयी।

वहाँ जाकर गोविन्दलाल की खबर पाना दुरूह समझकर फिर लौट आयी। हरिद्रा गाँव लौटकर पति की कोई खबर न पाकर फिर सास को पत्र लिखवाया। सास ने इस बार लिखा—"गोविन्दलाल अपनी कोई खबर नहीं देता। नहीं जानती कि इस समय वह कहाँ है। कोई खबर नहीं मिली।" पहले वर्ष का अन्त होते-होते भ्रमर खाट पर पड़ गयी।

अपराजिता पुष्प सूखने लगा।

दूसरा परिच्छेद

भ्रमर के बीमार पड़ जाने की खबर पाकर भ्रमर के पिता उसे देखने के लिए आये। भ्रमर के पिता का विशेष परिचय मैंने दिया नहीं है अब देता हूँ। भ्रमर के पिता माधवीनाथ सरकार की उम्र यही कोई इकतालीस वर्ष की है। देखने में वे सुपुरुष हैं लेकिन उनके चरित्र के बारे में बड़ा मतभेद है। अनेक लोग उनकी प्रशंसा करते हैं, अनेक लोगों का कहना है कि उनके जैसा दुष्ट और कोई न होगा। उनकी चतुराई के सभी कायल है। साथ ही जो उनके प्रशंसक हैं, वे उनसे डरते रहते हैं।

माधवीनाथ अपनी लड़की की दशा देखकर बहुत रोये। उन्होंने देखा वह श्यामा सुन्दरी, जिसके समूचे शरीर की गठन बड़ी ही सुललित थी इस समय उसका मुख विवर्ण, देह दुर्बल, हड्डियाँ निकली हुई और आँखें धँसी हुई हैं। भ्रमर भी बहुत रोयी। अन्त में दोनों के रोकर चुप होने के बाद भ्रमर ने कहा—"बाबूजी! जान पड़ता है, मेरे चलने के दिन आ गये हैं। मुझे कुछ धर्म-कर्म करा दो। मेरी कम उम्र होने से क्या हुआ, मेरे दिन तो समाप्त हो गये हैं। समय समाप्त हो रहा है, तो देर क्यों करूँ? मेरे पास बहुत रुपये हैं; मैं व्रत-उपवास करना चाहती हूँ। कौन यह सब कराएगा? बाबूजी! तुम इसकी व्यवस्था करा दो।"

माधवीनाथ ने कोई जवाब न दिया। दुःख असह्य हो उठने पर वे बरामदे में आयें और वहाँ बैठकर बहुत देर तक रोते रहे। केवल रोदन ही नहीं, उस मर्मभेदी दुःख ने माधवीनाथ के हृदय में भयंकर क्रोध का संचार किया। मन-ही-मन सोचने लगे—"जिसने मेरी कन्या पर यह अत्याचार किया है, इस जगत् में उस पर क्या कोई अत्याचार करने वाला नहीं है?" सोचते-सोचते माधवीनाथ के हृदय में दुःख के बदले घोर क्रोध परिव्याप्त हो गया। माधवीनाथ ने खूनी आँखों से प्रतिज्ञा की जिसने भी ऐसा सत्यानाश किया है, मैं भी उसका वैसे ही सत्यानाश करूँगा!" जिसने मेरी भ्रमर की ऐसी हालत की उसको मैं माफ नहीं करूँगा।

तब माधवीनाथ ने बहुत कुछ शान्त होकर अन्त:पुर में पुन: प्रवेश किया। कन्या के पास जाकर बोले—"बेटी! तुम व्रत-नियम की बात कह रही थी मैं भी वही सोच रहा था। इस समय तुम्हारा शरीर बहुत दुर्बल है; व्रत-नियम करने में अनेक उपवास करने पड़ेंगे। इस समय तुम उपवास न सह सकोगी। जरा शरीर ठीक हो जाने दो।"

भ्रमर—"यह शरीर क्या ठीक होगा?"

मा०—"जरूर ठीक होगा, बेटी! तुम्हे हुआ क्या है? यहाँ तुम्हारी देख-रेख अच्छे से नहीं हो पाती है, फिर कैसे होगा? ससुर नहीं, सास नहीं, कोई पास में नहीं कौन उपचार कराएगा? तुम अब मेरे साथ चलो मैं तुम्हें अपने यहाँ रखकर दवा कराऊँगा। मैं अभी यहाँ दो दिन रहूँगा इसके बाद तुम्हें साथ लेकर राज गाँव जाऊँगा।"

भ्रमर का मायका राज गाँव में है।

कन्या के पास से उठकर माधवीनाथ कन्या के कर्मचारियों के पास आये। दीवान जी से पूछा—"बाबूजी की कोई चिट्ठी आदि आती हैं?" दीवान जी ने जवाब दिया—"नहीं।"

माधवीनाथ—"वे इस समय कहाँ है?"

दीवान जी—"उनकी कोई भी खबर हम लोगों के पास नहीं है वे कोई खबर ही नहीं भेजते।"

माधवीनाथ—"किससे यह खबर मिल सकेगी?"

दीवान जी—"यही यदि मालूम होता तो हम लोग स्वयं खबर न लेते? काशी में माता जी के पास से खबर लेने के लिए आदमी भेजा था लेकिन वहाँ से भी कोई खबर नहीं मिली। बाबू इस समय अज्ञातवास कर रहे है।"

तीसरा परिच्छेद

माधवीनाथ ने कन्या की दुर्दशा देखकर दृढ़ प्रतिज्ञा की थी—"इसका बदला लेंगे! रोहिणी और गोविन्दलाल इस अनिष्ट की जड़ हैं। अतएव पहले इनकी खबर लेनी ही होगी कि पामर-पामरी है कहाँ? अन्यथा दुष्टों का दण्ड कैसे होगा? भ्रमर भी मरेगी।"

यह दोनों एकदम छिपे हुए है। जिन सूत्रों से उनका पता लग सकता है, वे सब अव्यवस्थित है। पद-चिन्ह तक मिटा दिये गये हैं। लेकिन माधवीनाथ ने मन में कहा—"यदि मैं उनका पता न लगा सकूँ, तो व्यर्थ है मेरे पौरुष का घमण्ड!"

इस प्रकार स्थिर-संकल्प होकर माधवीनाथ अकेले रायनिवास से बाहर हुए। हरिद्रा गाँव में एक पोस्टऑफिस है; वेतन पाने वाले एक डिप्टी-पोस्टमास्टर वहाँ विराजमान है। आम की

लकड़ी के बने एक टेबुल पर ढेरों चिट्ठियाँ, चिट्ठियों की फाइल, लिफाफा, मुहर आदि लेकर पोस्टमास्टर बाबू डाक-पियन के सामने अपनी शेखी बघारते हुए बैठे हैं। डिप्टी पोस्टमास्टर बाबू पाते हैं 15) रुपये और पियन बेचारा कुल 7) रुपये। अत: पियन सोचता है कि 15 आने 7 आने में जितना फर्क है, वही फर्क उसमें और बाबू में है इससे अधिक नहीं। लेकिन बाबू अपने मन में सोचते हैं कि मैं पोस्टमास्टर हूँ और वह एक पियन; अत: मुझमें उसमें जमीन-आसमान का फर्क है मैं उसका कर्ता-धर्ता, विधाता-पुरुष हूँ। इसलिए इस बात को सप्रमाण सिद्ध करने की गरज से पोस्टमास्टर बेचारे गरीब पर गरजते-तरजते रहते हैं, और वह भी अपने सात आने के वजन के मुताबिक जवाब दिया करता है। फिलहाल बाबू चिट्ठी का वजन कर रहे थे और साथ ही साथ पियन की अस्सी आने के वजन के मुताबिक भर्त्सना कर रहे थे। ऐसे ही समय प्रशान्तमूर्ति सहास्यमुख माधवीनाथ ने वहाँ आकर दर्शन दिया। भले आदमी को देखकर पोस्टमास्टर पियन की भर्त्सना त्यागकर भकुए की तरह उनका मुँह देखने लगे। भले आदमियों का समादर करना चाहिये यह मन में होने पर भी बेचारा अपनी शिक्षा के अनुसार कुछ न कर सका।

माधवीनाथ ने देखा सामने एक बन्दर है। हँसते हुए उन्होंने कहा— समादर "ब्राह्मण है?"

पोस्टमास्टर ने कहा—"हाँ, तु-तुम आ-आप?

माधवीनाथ ने मुस्कराते हुए हाथ माथे तक ले जाकर और मस्तक झुकाकर कहा—"प्रात: प्रणाम!"

इस पर पोस्टमास्टर बाबू ने कहा—"बैठिये?"

माधवीनाथ कुछ विपद् में पड़े। पोस्ट बाबू ने तो कह दिया बैठिये पर बैठें कहाँ? बाबू स्वयं एक तीन पैरवाली तिपाई पर बैठे हैं और वहाँ उनके बैठने के लिए कोई चीज नहीं। तब उन बाबू के साथ आने वाले पियन हरिदास ने बुद्धिमानी दिखाकर एक टूटी तिपाई पर से दही आदि हटाकर बैठने के लिए दिया। माधवीनाथ ने बैठकर और उसे भर नजर देखकर कहा—"क्यों भाई! कैसे हो? तुम्हें तो बहुत दिनों से नहीं देखा!..

पियन—"जी, मैं यहाँ चिट्ठी बाँटा करता हूँ।"

माधवी—"यह तो जानता हूँ। भला एक चिलम तंबाकू चढ़ाओ तो सही!"

माधवीनाथ दूसरे गाँव के आदमी हैं उन्होंने कभी हरिदास पियन को देखा नहीं था, और बैरागी बाबा जी ने भी कभी बाबू को देखा न था। बाबा जी ने मन में सोचा कि चेहरे और लिबास से तो पक्के बाबू ही जान पड़ते हैं हो सकता है, जाने के समय चार आ़ने बख्शीस के मिल जाएँ। यही सोचकर हरिदास हुक्के की खोज में दौड़ा।

माधवीनाथ तंबाकू बिलकुल नहीं पीते केवल हरिदास बाबा जी को वहाँ से बिदा करने के लिए ही उन्होंने फरमाइश की थी।

पियन के स्थानान्तरित हो जाने पर माधवीनाथ ने पोस्टमास्टर बाबू से कहा बात की जाँच करने के लिए आया हूँ।

पोस्टमास्टर बाबू मन-ही-मन हँसे। वे बंगाल विक्रमपुर के ही रहने वाले थे। और बातों में बातें जितने बेवकूफ हों, अपने हित की बात समझने में बड़े कुशाग्रबुद्धि थे। समझ गये कि बाबू किसी बात की खोज में आये हैं। बोले—"क्या बात, महाशय?"

माधवीनाथ—"ब्रह्मानन्द को आप पहचानते हैं?"

पोस्ट०—"नहीं पहचानता हाँ कुछ नहीं पहचानता।"

माधवीनाथ समझ गये कि अवतार अपनी निजमूर्ति धारण करना चाहता है। बोले—"आपके डाकखाने में ब्रह्मानन्द घोष के नाम की कोई चिट्ठी आया करती है।"

पोस्ट०—"आपसे ब्रह्मानन्द घोष का परिचय नहीं है?"

माधवीनाथ—"हो या न हो! मैं आपसे पूछने आया हूँ।"

इस पर पोस्टमास्टर बाबू को अपने उत्त्वपद और डिप्टीगिरी की शान की याद आ गयी अत: जरा नाक और भौहें सिकोड़कर बनावटी रुष्टभाव से बोले—"हम लोगों को डाकघर की खबर बताना मना है।"

यह कहकर पोस्टमास्टर बाबू चुपचाप चिट्ठी तौलने लगे।

माधवीनाथ मन-ही-मन हँसने लगे। प्रकट रूप में बोले—"ए बाबू, मैं जानता हूँ, तुम लोग ऐसी ही बातें किया करते हो इसीलिए साथ में कुछ लेकर चला हूँ और देकर जाऊँगा। अब मैं जो-जो पूछता हूँ, ठीक-ठीक बताओ तो सही!"

इस पर पोस्टमास्टर बाबू प्रसन्नवदन हो खीस निकालकर बोले—"क्या, कहिये?"

माधवी०—"यही कि ब्रह्मानन्द के नाम की कोई चिट्ठी डाकखाने में आया करती है?"

पोस्ट०—"हाँ, आती है।"

माधवी०—"कितने दिनों के अन्तर में?"

पोस्ट०—"जो बात बतला दी है, उसका अभी तक रुपया नहीं मिला पहले उसका रुपया निकालिये, तब दूसरी नई बात पूछिये।"

माधवीनाथ की इच्छा थी कि पोस्टमास्टर को कुछ देंगे। लेकिन उनके चरित्र से वे बहुत नाराज हो गये—"बाबू! तुम शायद परदेशी जान पड़ते हो मुझे पहचानते हो?" बोले। पोस्टमास्टर

ने माथा हिलाते हुए कहा—"नहीं! लेकिन आप चाहे कोई भी क्यो न हों हम लोग क्या पोस्टऑफिस की खबर किसी से कहते फिरते हैं? कौन हो तुम?"

माधवी०—"मेरा नाम माधवीनाथ सरकार है घर राज गाँव। मेरे हाथ में कितने लठैत रहते हैं, जानते हो?"

पोस्टबाबू भयभीत हुए। माधवीबाबू का नाम और दुर्दण्ड प्रताप वे सुन चुके थे। बेचारे सन्न रह गये।

माधवीनाथ कहने लगे—"मैं तुमसे जो पूछ रहा हूँ, सच-सच बताओ! खबरदार, कुछ छिपाना नहीं। यदि छिपाओगे तो एक पैसा भी न दूँगा, और यदि बिलकुल बताना न चाहोगे तो याद रखो, तुम्हारे घर में आग लगवा दूँगा, तुम्हारा डाकखाना लुटवा दूँगा; इधर अदालत में यह प्रमाणित कर दूँगा कि तुमने स्वयं अपने आदमियों से डाकखाना लुटवा लिया है। बोलो, अब बताओगे?"

पोस्टबाबू को तो ये सब सुनकर बुखार आ गया। मैं तो आपको पहचानता न था थर-थर-थर काँपने लगे और बोले— "आप नाराज क्यों हुए ऐरा-गैरा ही समझकर मैंने वैसी बात कही थी। जब आप आये हैं तो जो कुछ आप पूछेंगे, मैं साफ-साफ बताऊँगा।"

मा०—"कितने दिनों के अन्तर से ब्रह्मानन्द की चिट्ठियाँ आया करती है?"

पो०—"प्राय: एक-एक महीने पर फिर भी कोई निश्चित नहीं है।

मा०—"तो क्या रजिस्ट्री से आती हैं?"

पो०—"हाँ, प्राय: अनेक चिट्ठियाँ रजिस्ट्री से ही आती है।"

मा०—"किस ऑफिस से रजिस्टर्ड होकर आती हैं?"

पो०—"यह तो नहीं मालूम है।"

मा०—"तुम्हारे ऑफिस में एक रसीद क्या नहीं रहती?"

पोस्टमास्टर ने रसीद खोजकर निकाली और पढ़कर बताया—"प्रसादपुर।"

"किस जिले में है प्रसादपुर? तुम्हारी लिस्ट देखें!"

पोस्टमास्टर ने काँपते-काँपते छपी हुई लिस्ट देखकर बताया—यशोहर।"

मा०—"तब देखो, और कहाँ-कहाँ से उसके नाम रजिस्ट्री चिट्ठी है? सारी रसीदें देखो!"

पोस्टबाबू ने देखा आजकल जितने पत्र आते हैं। सब प्रसादपुर से ही आते हैं। माधवीनाथ ने पोस्टमास्टर बाबू के हाथ में दस रुपये का नोट पकड़ा दिया और बिदा हुए। उस समय तक भी

हरिदास बाबा का हुक्का तैयार न हुआ था। माधवीनाथ हरिदास के लिए भी एक रुपया रखकर गये। शायद यह कहना न होगा कि पोस्टबाबू ने उसे भी आत्मसात् किया।

चौथा परिच्छेद

माधवीनाथ हँसते हुए वापिस आ गए। माधवीनाथ ने गोविन्दलाल और रोहिणी के अधःपतन की कहानी अन्य लोगों के मुँह से भी सुनी। उन्होंने मन-ही-मन निश्चय कर लिया कि गोविन्दलाल और रोहिणी दोनों ही एक साथ गुप्त रूप से कहीं रह रहे हैं। ब्रह्मानन्द की अवस्था से वे अच्छी तरह अवगत थे जानते थे कि रोहिणी के अतिरिक्त उसके और कोई नहीं है। अतएव जब उन्हें मालूम हुआ कि ब्रह्मानन्द के नाम हर महीने रजिस्ट्री आ रही है, तो वे समझ गये कि या तो रोहिणी या गोविन्दलाल उसे हर महीने खर्च भेजते हैं। प्रसादपुर से चिट्ठी आती है, अतएव दोनों ही प्रसादपुर में अथवा उसके समीप किसी जगह अवश्य रहते होंगे। लेकिन निश्चय को दृढ़ निश्चय में परिणत करने के लिए उन्होंने कन्या के घर लौटकर थाने में एक आदमी भेजा। सब-इन्सपेक्टर को लिख भेजा—एक कांस्टेबिल को भेज दीजिये। आशा है, कुछ चोरी का माल पकड़ दूँगा।

सब-इन्सपेक्टर माधवीनाथ को खूब पहचानते थे डरते भी थे पत्र पाने के साथ उन्होंने निद्रासिंह नामक एक कांस्टेबिल को भेज दिया। माधवीनाथ ने निद्रासिंह के हाथ में दो रुपये रखकर कहा—"देखो भाई! कुछ इधर-उधर न करना; जो कहता हूँ, वही करो! सामने जो पेड़ है उसके पास जाकर छिपे रहो, लेकिन पेड़ के नीचे इस तरह खड़े रहो कि यहाँ से दिखाई दे। और कुछ न करना होगा।"

निद्रासिंह राजी होकर बिदा हुआ। इसके बाद माधवीनाथ ने ब्रह्मानन्द को बुला भेजा। ब्रह्मानन्द आकर पास में बैठे। उस समय वहाँ और कोई न था।

परस्पर स्वागत के बाद माधवीनाथ ने कहा—"आप मेरे समधी साहब के बड़े निकट जन है। इस समय उनका कोई आदमी नहीं हैं आने पर मुझे ही देखना-सम्हालना पड़ेगा, मेरे दामाद भी परदेश में हैं। आप पर कोई आपदा-विपदा न आए इसीलिए आपको बुलाया है।"

ब्रह्मानन्द का मुँह सूख गया, बोले हो क्या रहा है—"आप कह रहे मेरे पर कुछ विपद् आ सकती है। "कैसी विपद्, महाशय!" माधवीनाथ ने कहा—कुछ गम्भीर आयी है।"

"विपद्! कैसी विपद्?"

मा०—"केवल विपद् ही नहीं, विपद्-समूह! पुलिस ने किसी प्रकार मालूम कर लिया है कि निश्चय ही आपके पास एक नोट है, जो चोरी का है।

ब्रह्मानन्द तो आकाश से गिरे—"यह क्या? मेरे पास चोरी का नोट?"

माधवी—"तुम्हारे जानने में नहीं भी हो सकता है। शायद किसी दूसरे ने तुम्हें दिया हो और तुमने उसे अपने पास रख लिया हो!"

ब्र०—"यह क्या कहते हैं महाशय? मुझे कौन नोट देगा!"

माधवीनाथ ने तब कुछ धीमी आवाज से कहा—"मैं सब जान गया हूँ पुलिस भी जान गयी है। सच पूछिये तो पुलिस से ही मुझे यह सारी बातें मालूम हुई है। चोरी का नोट प्रसादपुर से आया है। वह देखो, एक पुलिस कांस्टेबिल तुम्हारे लिए आकर खड़ा है। मैनें उसकी कुछ पूजा कर दी है, इसीलिए वह ठहर गया है।"

यह कहते हुए माधवीनाथ ने रूलधारी, गलगुच्छेदार, दाढ़ी से सुशोभित, भयानक सर्प सदृश उस कांस्टेबिल की कान्तमूर्ति के दर्शन कराये।

ब्रह्मानन्द बेंत की तरह काँप उठे और माधवीनाथ के पैर पकड़कर रोकर बोले—"आप मेरी रक्षा कीजिये!"

मा०—"डरो मत बताओ तो, इस बार प्रसादपुर से किस-किस नम्बर के नोट आये हैं? पुलिस वालों ने मेरे पास नोट के नम्बर लिखा दिये हैं। शायद वही नम्बर तुम्हारे पास के नोटों का है? इस बार का प्रसादपुर का पत्र ले तो आओ, देखें! नोट का नम्बर मिलावें।"

लेकिन ब्रह्मानन्द जाय कैसे? डर लगता है पेड़ के नीचे कांस्टेबिल खड़ा है।

माधवीनाथ ने कहा—"कोई डर नहीं! मैं अपना आदमी साथ में भेजता हूँ।"

माधवीनाथ के आदेशानुसार एक दरवान ब्रह्मानन्द के साथ गया। ब्रह्मानन्द रोहिणी का पत्र ले आये। उस पत्र से जो-जो बातें माधवीनाथ जानना चाहते थे, सब उन्हें मालूम हो गयीं।

माधवीनाथ ने पत्र पढ़कर ब्रह्मानन्द को लौटाकर कहा—"इस नम्बर के नोट नहीं हैं। कोई डर नहीं है तुम घर जाओ! मैं कांस्टेबिल को विदा कर देता हूँ।"

ब्रह्मानन्द के मृत हुए शरीर में जान आयी। एक साँस में वे वहाँ से दौड़कर भागे।

माधवीनाथ उपचार करने के लिए कन्या को अपने घर ले गये। उसकी उपचार के लिए उपयुक्त चिकित्सक नियुक्त कर स्वयं वे कलकत्ता के लिए चल पड़े। भ्रमर ने बहुत आपत्ति की, लेकिन उन्होंने एक न सुनी। "शीघ्र ही लौटूँगा।" कहकर कन्या को आश्वासन दे गये।

कलकत्ते में निशाकरदास नामक माधवीनाथ के एक बड़े ही अन्तरंग मित्र रहते थे। निशाकर माधवीनाथ की अपेक्षा दस-बारह वर्ष उम्र में कम थे। निशाकर कुछ काम नहीं करते थे, जो उनकी पैतृक सम्पत्ति थी उसपर भी ध्यान नहीं देते थे। केवल कुछ-कुछ गीत वाद्य में लगे रहते थे। माधवीनाथ ने जाकर उनसे मुलाकात की। अन्य बातों के बाद निशाकर से उन्होंने पूछा—"क्यों भाई! थोड़ा घूमने-घामने न चलोगे?"

निशा०—"कहाँ?"

मा०—"यशोहर।"

निशा०—"वहाँ क्या है?"

मा०—"नील की कोठी खरीदना है।"

निशा०—"चलो!"

तब आवश्यक वस्तुओं का संग्रह कर दोनों मित्र दूसरे ही दिन यशोहर के लिए चल पड़े। वहाँ से वे लोग प्रसादपुर जाने वाले थे।

पाँचवाँ परिच्छेद

देखो, पतली-सी चित्रा नदी धीमे-धीमे बह रही है। किनारे पर अश्वत्थ, कदम्ब, आम और खजूर आदि के पेड़ों से शोभित उपवन में कोयल कूक रही है। प्रसादपुर नाम का एक छोटा बाजार यहाँ से कोई एक कोस दूर है।

आज से बहुत पहले की बात है—यहाँ मनुष्यों का आवागमन न देखकर पापाचार के खयाल से ही एक गोरे नीलकर साहब ने यहाँ नील कोठी बनवायी थी। इस समय नीलकर और उसके ऐश्वर्य का ध्वंस हो गया है। उसके अमीन, नायब, तकाजगीर, गुमाश्ते, सब अपनी-अपनी जगह पर अपने कर्म का फल भोग रहे है। एक बंगाली ने उस जनशून्य क्षेत्र में स्थित कोठी को खरीदकर उसे फिर सुसज्जित किया है। फूल, पत्थर की आदमकद मूर्तियाँ, कालीन, गलीचे, चित्र, आईने आदि से उसे अलंकृत कर दिया है, उस मकान की दूसरी मंजिल के एक बड़े कमरे में हम प्रवेश करते हैं। कमरे में कितने ही स्मरणीय चित्र है। लेकिन उनमें अधिकांश सुरुचिपूर्ण हैं उनका वर्णन नहीं किया जा सकता। निर्मल सुकोमल फर्श पर एक गलमुच्छेदार मुसलमान एक तानपूरा लिये हुए उसके कानों को ऐंठकर तार का स्वर मिला रहा है। पास में ही बैठी एक युवती तबले को गुम-गुम आवाज से गुमका रही है। इसके साथ ही उस सुन्दरी के हाथ के स्वर्ण-

अलंकार झनकार मार रहे हैं। बगल के एक बड़े आईने में उन दोनों की परछाई प्रतिलित हो रही थी। पास के ही एक कमरे में बैठा हुआ एक बंगाली युवक एक उपन्यास पढ़ रहा था। और बीच-बीच में खुले दरवाजे से उन दोनों के कार्यकलाप भी देखता जाता था।

तानपूरे की खूँटी ऐंठता हुआ वह दाढ़ी वाला तारों पर झनकार करता जाता था। जब उस्ताद जी की विवेचना में तारों का मिऊ-मिऊ और तबले की खन्-खन् आवाज एक हो गयी तो उस मूँछ-दाढ़ी के अन्धकार में कितने ही दूध जैसे दाँत खिल उठे। इसके बाद ही उस्ताद जी ने अपना वृषभ तुल्य स्वर गुंजाया। आवाज निकालने के बाद उस्ताद जी के दाँत इस तरह चित्र-विचित्र ढंग से दिखाई देने लगे, जैसे बन्दर विविध ढंग से अपने दाँतों का प्रदर्शन करते हो। उसी समय उस युवती का मधुर कण्ठ भी शुरू हुआ और दोनों ही स्वर मिलकर मानो सुनहली-रुपहली धारा के रूप में परिणत हो गये।

इच्छा तो होती है कि यहीं यवनिका पतन कर दिया जाए। जो आपत्तिजनक, अदर्शनीय है, उसको दिखाने की इच्छा हमें नहीं; जिसके बिना कहे काम नहीं चल सकता, वही कहूँगा। फिर भी वह अशोक, बकुल, कुटज, कुरबक-कुंज के बीच भ्रमर-गुंजन, कोकिल-कूंजन, वह क्षुद्र नदी, जूही, मल्लिका, मालती और पुष्पा का सौरभ, तरंगों पर नाचने वाले राजहंसों का कलनाद, उस कमरे में नीले शीशे से छनकर आने वाली रोशनी की अपूर्व माधुरी, उस रजत-स्फटिक निर्मित गुलदान में पुष्पों की शोभा, गृह की शोभा बढ़ाने वाले सुंदर पदार्थों का विचित्र उज्ज्वल वर्ण और उस गायनाचार्य के विशुद्ध स्वरसप्तक की सृष्टि आदि का क्षणिक उल्लेख कर दिया गया है। कारण, जो युवक अब मनोयोग से युवती के चंचल कटाक्षों का निरीक्षण कर रहा है, उसके हृदय में इस कटाक्ष के माधुर्य से ही इन वस्तुओं की शोभा बढ़ रही है।

यह युवक गोविन्दलाल है और युवती रोहिणी। इस मकान को गोविन्दलाल ने ही खरीदा है। यहीं ये लोग स्थायी रूप से रहते हैं।

एकाएक रोहिणी का तबला बेसुरा हो गया; उस्ताद जी के तानपूरे का तार टूट गया, उनका गला भर्रा गया। गाना बन्द हुआ; गोविन्दलाल के हाथ का उपन्यास गिर पड़ा। इसी समय उस प्रमोद-गृह के दरवाजे पर एक अपरिचित युवक ने प्रवेश किया। हम लोग उस युवक को पहचानते हैं—उसका नाम निशाकरदास है।

छठवाँ परिच्छेद

दो मंजिले मकान के ऊपरी हिस्से में एक कमरे में रोहिणी रहती है यहाँ वह अर्ध-पर्दानसीन है। नीचे की मंजिल में नौकर-चाकर रहते हैं। इस एकान्त जगह में गोविन्दलाल से

मिलने के लिए कभी कोई नहीं आता अतएव वहाँ अलग मर्दाना-जनाना की कोई जरूरत न थी। यदि इस अवसर पर इन भले आदमी के बदले कोई दुकानदार या ऐसा ही अन्य कोई मिलने आता, तो गोविन्दलाल उससे मुलाकात करने के लिए नीचे आ जाते। अतएव बाबू के बैठने के लिए नीचे भी एक कमरा निर्दिष्ट था।

नीचे की मंजिल के दरवाजे पर निशाकरदास ने आवाज लगायी—"कौन है यहाँ?"

रूपा और सोना नाम के दो नौकर थें गोविन्दलाल के। आवाज लगाते ही दोनों दरवाजे पर आकर निशाकरदास को देखकर विस्मित हुए। निशाकरदास देखने में बहुत भले आदमी दिखाई दिये। निशाकर भी जरा खूब बन-ठनकर गये थे। इस तरह का कोई भी आदमी उस दरवाजे पर कभी आया न था। अतः उन्हें देखकर दोनों ही नौकर एक-दूसरे का मुँह देखने लगे।

सोना ने पूछा—"आप किसे खोज रहें हैं?"

निशा०—"तुम्ही लोगों को। बाबू को खबर करो कि एक भले आदमी मिलने आये हैं।"

सोना०—"क्या नाम बताऊँ?"

निशा०—"नाम की क्या जरूरत है कह दो, एक भले आदमी हैं?

नौकर तो जानते थे कि बाबू किसी भले आदमी से मुलाकात नहीं करते अत: मुलाकात की कोई सम्भावना ही न थी। नौकरों ने यही सोचकर खबर देने में उत्सुकता न दिखायी। सोना जरा इधर-उधर करने लगा। रूपा बोला—"आप व्यर्थ आए है बाबू किसी से मुलाकात नहीं करते।"

निशा०—"तब तुम लोग रहने दो, मैं बिना खबर के ही ऊपर ज़ाता हूँ।"

नौकर बड़ी विपद् में पड़े। बोले—"नहीं, महाशय! हमलोगों की नौकरी चली जाएगी।"

इस निशाकर ने एक रुपया निकालकर कहा—"जो खबर करेगा, यह रुपया उसी को दूँगा।"

सोना विचार करने लगा इतने में ही रूपा चील की तरह झपट्टा मारकर हाथ से रुपया लेकर ऊपर खबर देने चला गया।

मकान के चारों ओर जो बगीचा है, वह बहुत ही मनोरम है। निशाकर ने सोना से कहा—"मैं इसी बाग में टहलता हूँ आपत्ति न करना। जब वह आएँ, तो यहाँ से मुझे बुला लेना।" यह कहकर निशाकर ने सोना के हाथ में एक रुपया और दिया।

उधर रूपा जिस समय बाबू के पास पहुँचा, वे किसी काम में बड़े व्यस्त थे अत: वह निशाकर की कोई खबर उन्हें दे न सका। इधर बगीचे में घूमते हुए निशाकर ने एक बार ऊपर नजर उठाकर देखा कि खिड़की में एक परम सुन्दरी युवती खड़ी उन्हें निहार रही है।

रोहिणी निशाकर को देखकर सोच रही थी—"यह कौन है?" देखने से तो यह जान पड़ता है कि यह इस क्षेत्र का आदमी नहीं है। चेहरे से तो कोई धनी आदमी जान पड़ता है। देखने में भी सुंदर है गोविन्दलाल की अपेक्षा? नहीं, ऐसा नहीं है गोविन्दलाल का रंग खुलता है लेकिन इसका चेहरा और आँखें बड़ी सुन्दर हैं। विशेषत: आँखे आह भरी! क्या आँखे है! यह कहाँ से आया? हरिद्रा गाँव का तो कोई नहीं है? वहाँ के तो हरेक आदमी को मैं पहचानती हूँ। क्या उसके साथ दो बातें नहीं हो सकतीं? हानि क्या हो सकती है! मैं गोविन्दलाल के प्रति कभी विश्वासघातिनी तो हो ही नहीं सकती।

रोहिणी यह सोच रही थी कि निशाकर ने ऊपर देखा और आँखें चार हो गयीं। आँखों-आँखों में कोई बात हुई या नहीं, मैं नहीं कह सकता जान सकने पर भी कहने की इच्छा नहीं है। लेकिन यह सभी जानते हैं कि इस तरह बातें हुआ करती है।

उसी समय रूपा ने बाबू को खाली देखकर आगन्तुक बाबू का सन्देश दिया, बोला—"एक भले आदमी मुलाकात के लिए आये है।"

बाबू ने पूछा—"कहाँ से आये हैं?"

रूपा—"यह तो नहीं मालूम।"

बाबू०—"तो बिना पूछे खबर देने क्यों आया?"

रूपा ने देखा कि बेवकूफ बनना पड़े इससे अच्छा बोल दूँ—"यह पूछा था, तो उन्होंने नहीं बताया, और कहा तुरंत बाबू को उपस्थित करों उनको ही बताऊँगा?

बाबू ने कहा—"तो जाकर कह दे कि मुलाकात नहीं होगी!"

इधर विलम्ब देखकर निशाकर समझ गये कि शायद गोविन्दलाल ने मिलने से मना कर दिया है। लेकिन दुराचारी के साथ भलमनसाहत क्यों की जाए? मैं क्यों न स्वयं ऊपर चला जाऊँ?

यह विचारकर नौकर के लौटने के पहले ही, उसकी प्रतीक्षा किये बिना निशाकर ने मकान में प्रवेश किया। उन्होंने देखा कि सोना, या रूपा कोई भी नीचे नहीं है। इस तरह वे निरुद्वेग हो सीढ़ी चढ़कर, जिस जगह गोविन्दलाल, रोहिणी और दानिश खाँ थे, वहाँ पहुँच गए। रूपा ने उन्हें दिखाकर कहा—"यही बाबू मुलाकात करना चाहते थे।"

गोविन्दलाल बड़े नाराज हुए। लेकिन उन्होंने देखा कि भले आदमी हैं। उन्होंने पूछा—"आपका परिचय?"

नि०—"मेरा नाम रासबिहारी दास है।"

गो०—"निवास?"

नि०—"बराहनगर।"

यह कहते हुए निशाकरदास जमके बैठ गये, क्योंकि वे समझ गये थे कि यहाँ उन्हें बैठने के लिए कोई नहीं कहेगा!

गो०—"आप किससे मिलना चाहते हैं?"

नि०—"आपसे।"

गो०—"यदि बलपूर्वक मेरे घर में घुस न आते, तो नौकर से आपको खबर मिलती कि मुझे फुरसत नहीं है।"

नि०—"लेकिन अवकाश तो खूब देख रहा हूँ! डर या धमकी से मुझे उठ जाना होता, तो बिना बुलाये आपके पास कभी न आता। जब मैं आ ही गया हूँ तो मेरी कुछ बातें सुन लेते तो मैं सन्तुष्ट होकर चला जाता।"

गो०—"मेरी तो यही इच्छा है कि न सुनूँ। फिर भी, यदि दो वाक्यों में समाप्त कर सकें तो कहकर चले जाएँ।

नि०—चाहती हूँ। "दो वाक्यों में ही कहूँगा। आपकी पत्नी भ्रमरदासी अपनी सम्पत्ति का दानपत्र लिखना, इसी समय दानिश खाँ ने अपने तानपूरे का एक टूट्टा तार चढ़ाया। उसने एक हाथ से तार चढ़ाते हुए दूसरे हाथ की उँगुली पर गिनकर कहा—"एक बात हुई।"

नि०—"मैं वह दान-पत्र लूँगा।"

दानिश ने उँगली पर गिनकर कहा—"दो बातें हुई।"

नि०—"इसीलिए मैं आपके हरिद्र गाँव के मकान पर भी गया था।"

दानिश खाँ ने कहा—"दो बातें छोड़कर तीन बातें हुई।"

नि०—"उस्ताद जी! सूअर, चुप रहो!"

उस्ताद जी ने आँखें लाल करके गोविन्दलाल से कहा—"बाबू साहब! इस बदतमीज आदमी को विदा कीजिये।"

लेकिन बाबू साहब उस समय अन्यमनस्क हो रहे थे, इसलिए कुछ न बोले।

निशाकर ने फिर कहना शुरू किया—"आपकी पत्नी मुझे दान-पत्र लिखने के लिए तैयार हैं, लेकिन आपकी अनुमति की अपेक्षा है। वह आपका पता भी नहीं जानती, पत्रादि भी लिखना नहीं चाहतीं। अतएव आपकी सम्मति जानने का भार भी मुझ पर ही पड़ा। मैंने बड़े मुश्किल से आपका पता लगाया है और अब आपकी अनुमति चाहता हूँ।"

गोविन्दलाल ने कोई उत्तर न दिया। बहुत अन्यमनस्क हो गए। बहुत दिनों के बाद भ्रमर का हाल मिला है उनकी वही भ्रमर! प्रायः दो वर्ष हो गए।

निशाकर भी बहुत कुछ समझ गए। उन्होंने फिर कहा—लाइन लिख दीजिये कि आपको कोई आपत्ति नहीं है। "यदि आपकी सहमति हो, तो इतना होने से ही मैं चला जाऊँगा।"

लेकिन गोविन्दलाल ने कोई उत्तर न दिया। निशाकर समझ गये कि फिर कहना पड़ेगा। उन्होंने फिर सारी बातें समझाकर कहीं। एक बार चित संयत कर गोविन्दलाल ने सारी बातें सुनीं। पाठक तो समझ गये होंगे कि निशाकर की सारी बातें झूठी हैं लेकिन गोविन्दलाल ने ऐसा न समझा। पहले का उग्र भाव त्याग करके बोले—"मेरी अनुमति अनावश्यक है। सम्पत्ति मेरी स्त्री की है, मेरी नहीं शायद यह आप जानते होंगे। उनकी इच्छा है जिसको वो दान करें। मेरा अपना कोई निषेध नहीं है। मैं कुछ न लिखूँगा। शायद अब आप मुझे छुट्टी देंगे!"

काम समाप्त हुआ देखकर निशाकर को विदा होना ही पड़ा। वे वहाँ से उठकर नीचे चले आए। निशाकर के चले जाने पर गोविन्दलाल ने दानिश खाँ से कहा—"कुछ गाओ!"

दानिश खाँ ने प्रभु की आज्ञा से फिर तानपूरा उठाया और स्वर मिलाकर पूछा—"क्या गाऊँ?"

"जो इच्छा हो!" कहकर गोविन्दलाल ने तबला उठाया। गोविन्दलाल पहले भी कुछ-कुछ बजाना जानते थे। इस समय तो बहुत अच्छा बजाना सीख गये हैं। लेकिन आज वह दानिश खाँ का साथ दे न सके ताल से बेताल होने लगे। दानिश खाँ ने विरक्त होकर तानपूरा रखकर कहा—"आज मैं बहुत थक गया हूँ।" इसके बाद गोविन्दलाल ने सितार लेकर बजाना चाहा, लेकिन उस समय सारी गीत दिमाग से विलुप्त हो गयी थीं। सितार छोड़कर उन्होंने फिर उपन्यास पढ़ना शुरू किया। लेकिन वह जो पढ़ते थे, उसका अर्थ ही नहीं समझ पाते थे। इस पर सितार को फेंकर गोविन्दलाल ने शयन कक्ष में प्रवेश किया। रोहिणी को तो उन्होंने वहाँ नहीं पाया लेकिन उनका नौकर सोना वहीं था। दरवाजे पर से गोविन्दलाल ने सोना से कहा—"मैं सोना चाहता हूँ, खयाल रखो, जब तक मैं स्वयं सोकर न उठूँ, तब तक मुझे कोई जगाने न पाए!"

यह कहकर गोविन्दलाल ने सोने वाले कमरे का दरवाजा बन्द कर दिया। उस समय प्राय: शाम हो चुकी थी।

दरवाजा बन्द करके भी गोविन्दलाल सो न सके पलंग पर बैठकर दोनों हाथों से मुँह ढँककर रोने लगे।

हम नहीं जानते कि वो रो क्यों रहे है। भ्रमर के लिए रो रहे है, या अपने लिए रो रहे है, यह कौन जाने? शायद दोनों के लिए।

हमें तो नहीं लगता कि गोविन्दलाल के पास रोने के अलावा और कोई उपाय है! भ्रमर के लिए रोने की गुंजाइश है। लेकिन भ्रमर के पास लौट जाने का कोई रास्ता नहीं है। हरिद्रा गाँव में फिर मुँह दिखाने की संभावना नहीं है। हरिद्रा गाँव की राह में काँटे बिछे हुए हैं रोने के सिवा और उपाय ही क्या है?

सातवाँ परिच्छेद

जिस वक्त निशाकर को आकर बड़े हॉल में बैठना पड़ा, उस समय बाध्य होकर रोहिणी को बगल वाले कमरे में चले जाना पड़ा लेकिन केवल आँखों की ओट होने के लिए श्रवण शक्ति से दूर होने के लिए नहीं। उन लोगों के बीच जो बातें हुई, सब उसने कान लगाकर सुना। इतना ही नहीं, बल्कि परदा हटाकर निशाकर को झाँककर देखने भी लगी। निशाकर ने भी देखा कि परदे की आड़ से दो परवल की फाँक जैसी आँखें झाँक रही है।

रोहिणी ने सुना कि निशाकर हरिद्रा गाँव से आ रहे हैं। रूपा नौकर भी रोहिणी की तरह खड़े होकर सारी बातें सुनता रहा। निशाकर के उठकर जाते ही रोहिणी ने रूपा को उँगली के इशारे से अपने पास बुलाया। रूपा के पहुँचने पर उससे कान में कहा—"जो कहूँ, वह कर सकेगा। बाबू से सारी बातें छिपानी होगी। जो कुछ करेगा, उसे यदि बाबू न जान पाएँगे तो तुझे पाँच रुपये इनाम दूँगी।"

रूपा ने कहा नहीं मालूम, आज किसका मुँह देखकर उठा हूँ! आज तो रुपयों की बरसात हो रही है। गरीब हैं हम, दो पैसे मिल जाए तो इससे बढ़कर क्या होगा? प्रकट रूप में बोल कहिये, क्या आज्ञा है? "जो कहेंगी, मैं वैसा ही करूँगा।"

रो०—"इस बाबू के साथ तू भी बाहर चला जा! वह मेरे पिता के गाँव से आये हैं। मैं वहाँ का कभी कोई संवाद नहीं पाती और इसके लिए बहुत रोती हूँ। जब अपने गाँव का एक आदमी आ गया है, तो उससे घर का हाल-चाल पूछेगी। बाबू ने उसे क्रोध करके भगा दिया है। तू जाकर उन्हें बैठा—ऐसी जगह बैठाना कि बाबू नीचे जाकर भी उसे देखने न पाएँ। मैं फुरसत पाते ही आ जाऊँगी। अगर बैठना न चाहें; तो विनय-विनती करना।"

रूपा को तो इनाम की गन्ध मिल गयी थी वह—"ठीक है" कहकर चल दिया।

हम नहीं जानते कि निशाकर क्यों गोविन्दलाल को छलने के लिए आये हैं; लेकिन नीचे आने पर वे जिस तरह का आचरण दिखा रहे थे, बुद्धिमान लोग उसे अच्छा न कहेंगे। वे गृह के प्रवेश-द्वार का दरवाजा, सिटकनी, कब्जा आदि देख रहे थे। इसी समय रूपा नौकर आ पहुँचा।

रूपा ने कहा—"तंबाकू पीने की इच्छा है, बाबूजी?"

निशा०—"बाबू ने पूछा नहीं नौकर से तंबाकू लूँ क्या?"

रूपा०—"नहीं, नहीं, ऐसी बात नहीं! जरा गुप्त बात है एकान्त में आइये।"

रूपा निशाकर को लेकर अपने निर्जन कमरे में पहुँचा। निशाकर भी बिना आपत्ति के चले गएँ। निशाकर को बैठाकर उसने रोहिणी की सारी बातें उनसे कह दीं।

निशाकर ने तो हाथ बढ़ाकर आकाश का चन्द्रमा पाया अपनी इच्छापूर्ति का अति सहज उपाय उन्हें देख पड़ा। बोले— "भाई! तुम्हारे मालिक ने तो मुझे भगा दिया अब मैं उनके घर में छिपकर कैसे रहूँ?"

रुपा०—"नहीं, वह कुछ भी जान न पाएँगे। इस कमरे में वह कभी नहीं आते।" निशा०—"न आएँ; लेकिन जब तुम्हारी माँ जी यहाँ आएँगी, तो बाबू सोचेंगे देखें कहाँ गयी! यदि यही सोचकर पीछे-पीछे आ जाएँ या किसी तरह मेरे पास तुम्हारी माँ जी को देख पाएँगे, तो बता तो सही, मेरी क्या दशा होगी?"

रूपा चुप हो गई। निशाकर कहने लगे—"देखो, भाई! इस घर के भीतर और इस कमरे में बन्द कर के यदि मेरा खून कर बगीचे में गाड़ भी दोगे, तो न मेरे माँ है, न बाप कोई तुम्हारा क्या कर लेगा? तब तो तुम भी हमें दो लाठी मारने से न चूकोगे! इसलिए ऐसे काम में तो मैं न पड़ूँगा। अपनी माँ जी से समझाकर कह दो कि यह मुझसे न होगा। हाँ, एक बात और कहना उनके बूढ़े चाचा ने हमसे कई जरूरी बातें कहने के लिए कहा है। मैं वह खबर तुम्हारी माँ जी से कहने के लिए स्वयं बहुत व्याकुल हूँ। लेकिन तुम्हारे बाबू ने मुझे भगा दिया। मैं कह न सका। अब मैं जाता हूँ।"

रूपा ने देखा कि हाथ से पाँच रुपये जाना चाहते हैं। वह बोला—"अच्छा, अगर यहाँ न बैठ सकें तो बाहर कहीं दूसरी जगह बैठ सकते हैं?"

निशा०—"मैं भी यही बात सोच रहा था। तुम्हारी कोठी के पास ही नदी के किनारे एक पक्का घाट है, उसके पास दो बकुल के वृक्ष है मैं आते समय देख आया हूँ। वह जगह पहचानते हो?"

रूपा—"हाँ, मजे में पहचानता हूँ।"

निशा०—"मैं जाकर वहीं बैठता हूँ। संध्या हुई है रात हो जाने पर वहाँ बैठने से कोई देख-पहचान न सकेगा। यदि तुम्हारी माँ जी वहाँ आ सकें, तो सारी बातें वह मुझसे सुन सकेंगी। यदि ऐसी-वैसी कोई बात देखूँगा भी, तो भागकर जान तो बचा सकूँगा! घर में बन्द होकर कुत्तों की मौत मरना मुझे पसन्द नहीं।

आखिर रूपा नौकर ने रोहिणी के पास जाकर, निशाकर ने जैसा कहा था, वह सब कुछ वैसा ही सुना दिया। इस समय रोहिणी के मन का भाव क्या है, यह मैं नहीं बता सकता। जब मनुष्य स्वयं अपने मन की बात समझ नहीं सकता तो मैं कैसे बता सकता हूँ कि रोहिणी के मन में क्या बात है वह क्या सोच रही थी। रोहिणी ब्रह्मानन्द को इतना मानती है कि उसका हाल जानने के लिए वह अपने हिताहित का ज्ञान भूल जाएगी। ऐसी बात तो मैं मान नहीं सकता। मैं समझता हूँ कि भीतर और कुछ है कुछ आँखों-आँखों में बातें हो गयी थी। रोहिणी ने देखा कि निशाकर रूपवान है परवल के फाँक जैसी आँखे है। रोहिणी ने देख लिया था कि मनुष्यों में निशाकर एक विशिष्ट मनुष्य है। रोहिणी के मन में यह विश्वास था कि मैं गोविन्दलाल के प्रति विश्वासघातिनी न होऊँगी लेकिन विश्वासघात एक बात है और यह दूसरी बात। शायद उस महापापी ने मन में यह सोचा था—"असावधान मृग को पाकर कौन ऐसा शिकारी होगा जो उस अवसर से लाभ न उठाएगा, उसने सोचा कि कौन ऐसी नारी होगी जो विजित पुरुष को देखकर भी उस पर विजयी न बनेगी। बाघ, गो हत्या करता है लेकिन सब गायों को खा तो नहीं लेता। स्त्री भी पुरुष को जय करती है केवल जय-पताका उड़ाने के लिए नहीं। अनेक लोग मछली पकड़ते है खाने के लिए नहीं, शिकार-लिप्सा पूरी करने के लिए। मैं नहीं जानता कि उसमें क्या रस है, क्या आनन्द है। रोहिणी ने सोचा कि यह आयत-लोचन मृग जब प्रसादपुर नामक इस कानन में आ गया है, तो क्यों न उसे सर्वविद् करके छोड़ा नहीं जाए। वह नहीं जानता की इस पापिनी के पापी हृदय में क्या भावना है—लेकिन रोहिणी ने स्वीकार कर लिया कि हलका अँधेरा होते ही वह उनसे उसी जगह मुलाकात करेगी और अपने वृद्ध चाचा के समाचार सुनेगी।"

रुपा ने आकर यह बात निशाकर से कह दी। यह सुनकर प्रसन्न हो निशाकर वहाँ से उठकर चल दिये।

आठवाँ परिच्छेद

रूपा के चले जाने पर निशाकर ने सोना को बुलाकर कहा—"तुम लोग बाबू के यहाँ कितने दिनों से नौकरी करते हो?"

सोना—"यही जितने दिनों से बाबू यहाँ आए हैं, उतने ही दिनों से हम नौकर है।"

निशा०—"तो थोड़े ही दिन हुए! क्या पाते हो?"

सोना०—"तीन रुपया महीना, खाना और कपड़ा।"

निशा०—"इतनी कम तनखाह में तुम लोगों के जैसे खानसामों का कैसे काम चलता है?"

यह सुनकर तो सोना खानसामा जैसे जल गया बोला—"क्या करें, यहाँ दूसरी नौकरी ही कहाँ मिलती है?"

निशा०—"वाह, नौकरी की क्या कमी है? हमारे इलाके में चलने से लोग तुम्हें रोक लेंगे। पाँच, सात, दस रुपये तो अनायास ही पा सकते हो।"

सोना—"बड़ी दया होगी, यदि आप मुझे अपने साथ ले चले तो!"

निशा०—"कैसे ले जाऊँ, ऐसे मालिक की नौकरी भला छोड़ोगे?"

सोना—"मालिक तो अच्छे हैं लेकिन मालकिन पूरी हरामजादी है!"

निशा०—"इसका प्रमाण तो हाथों-हाथ पा रहा हूँ। मेरे साथ जरूर चलोगे न?"

सोना—"पक्का समझिये!"

निशा०—" तो अपने मालिक का उपकार क्यों नहीं करते जाने के समय। लेकिन बड़ी सावधानी से करना होगा। बोला— कर सकोग?"

सोना—"भलाई का काम होगा तो क्यों न करूँगा!"

निशा०—"तुम्हारे मालिक के लिए जरूर अच्छा है, लेकिन मालकिन के लिए तो अच्छा न होगा।"

सोना—"तब तो अभी बताइये, देर की जरूरत नहीं! इसमें मैं बहुत खुश होऊँगा।"

निशा०—"मालकिन ने मुझसे कहला दिया है कि रात को अँधेरे में छिपे-छिपे वह मुझसे चित्रा नदी के पक्के घाट पर मिलेगी। मुझे वहाँ बैठने के लिए कहा है समझे? मैंने स्वीकार भी कर लिया है। मेरी भी इच्छा है कि तुम्हारे मालिक की आँखें खोलना है। तुम धीरे से यह बात अपने मालिक से कह सकोगे।"

सोना—"अभी यह पाप खोल के रहूँगा!"

निशा०—"अभी नहीं। अभी मैं घाट पर जाकर बैठता हूँ। तुम सावधान रहना, जब देखना कि मालकिन घाट की तरफ चली गयीं, उसी समय जाकर अपने मालिक से कह देना। रूपा भी यह बात जानने न पाए। इसके बाद मेरे पास आ जाना।"

जैसी आज्ञा कहकर सोना ने निशाकर के पैर की धूलि माथे चढ़ायी। इसके बाद निशाकर मस्त चाल से हाथी की तरह धीरे-धीरे टहलते हुए चित्रा नदी-तट के पक्के घाट पर जा बैठा। अन्धकार में नक्षत्र-छाया से प्रदीप्त चित्रा का जल शान्त बह रहा था। चारों तरफ सियार-कुत्तों की आवाज आ रही थी। कहीं दूर किसी नाव पर बैठा हुआ मल्लाह राधा के अभिसार के गीत गा रहा था। इसके अतिरिक्त उस सन्नाटे में कोई आवाज नहीं हो रही थी। निशाकर बैठे हुए उस गीत को सुन रहे थे और गोविन्दलाल के मकान के दूसरे खंड की खिड़की से निकली हुई रोशनी का दर्शन कर मन-ही-मन सोच रहे थे—"मैं कैसा नृशंस हूँ! एक स्त्री का सर्वनाश करने के लिए इतने कौशल कर रहा हूँ! लेकिन इसमें नृशंसता क्या है? दुष्ट का दमन अवश्य ही कर्त्तव्य है। जब मित्र की कन्या की जीवन-रक्षा के लिए इस कार्य को पूरा करने का जिम्मा मित्र के सामने ले लिया है तो अवश्य करूँगा। लेकिन इस कार्य में मेरा मन खुश नहीं है। रोहिणी पापिनी है उसे पाप का दण्ड दूँगा, पाप-प्रवाह को रोकूँगा, इसमें दुखी होने की क्या बात है? नहीं कह सकता, शायद सीधी राह पकड़ने पर इतना सोच न होता, शायद टेढी राह पकड़ने पर ही इतना संकोच हो रहा है। और फिर, पाप-पुण्य का दण्ड देने वाला मैं कौन हूँ? मेरे पाप-पुण्य का जो दण्ड-पुरस्कार देने वाले हैं, वही रोहिणी को भी देंगे। नहीं जानता, लेकिन शायद उन्होंने ही मुझे इस कार्य में नियोजित किया है। कुछ समझ में नहीं आता।

"व्या हृषीकेश हृदस्थितेन,

यथा नियुक्तकोसि तथा करोमि।"

इस तरह चिन्ता करते-करते निशाकर को एक प्रहर रात बीत गयी। इसी समय निशाकर ने देखा कि बड़े ही धीरे-धीरे कदमों से चलती हुई रोहिणी आकर पास में खड़ी हो गयी। निश्चय को सुनिश्चित करने के लिए उन्होंने पूछा—"तुम कौन हो?"

रोहिणी ने भी निश्चय को सुनिश्चित करने के लिए पूछा—"तुम कौन?"

निशा०—"मैं हूँ रासबिहारी।"

रोहिणी—"मैं रोहिणी हूँ।"

निशा०—"इतनी रात क्यों हुई?"

रोहिणी—"बिना देखे-सुने कैसे चली आती? कौन जाने कोई वहीं से देख ले। तुम्हें बड़ी तकलीफ हुई!"

निशा०—"कष्ट हो या न हो, मन में डर अवश्य हो रहा था कि कहीं तुम भूल तो नहीं गयी?"

रोहिणी—"यदि मैं भूलने वाली ही होती, तो आज मेरी यह दशा क्यों होती! एक को न भूल सकने के कारण इस देश में आयी हूँ, और आज तुम्हें न भूल सकने के कारण इस जगह आयी हूँ।

यह बातें हो ही रही थीं कि उसी समय किसी ने पीछे से आकर रोहिणी का गला पकड़ लिया। रोहिणी ने काँपकर पूछा—"कौन है रे?"

गम्भीर स्वर में उत्तर मिला—"तुम्हारा यम!"

रोहिणी पहचान गयी कि गोविन्दलाल हैं। तब आसन्न विपद् समझकर चारों तरफ अँधेरा देखते हुए रोहिणी ने भय से काँपते स्वर में कहा—"छोड़ो छोड़ो! मैं किसी बुरी नियत से यहाँ नहीं आयी हूँ। मैं जिस काम से आयी हूँ, इस बाबू से पूछ सकते हो।"

यह कहकर रोहिणी ने उधर उँगली उठायी, जिधर निशाकर बैठे थे लेकिन उसने देखा कि वहाँ कोई नहीं है। निशाकर तो गोविन्दलाल को देखते ही पलक मारते न मालूम कहाँ अदृश्य हो गये। रोहिणी ने आश्चर्य से कहा—"यहाँ तो कोई नहीं है?"

गोविन्दलाल ने कहा—"हाँ, यहाँ कोई नहीं है। मेरे साथ घर चलो!"

रोहिणी दुःखी हृदय से गोविन्दलाल के साथ धीरे-धीरे घर लौट गयी।

नौवाँ परिच्छेद

घर लौटकर गोविन्दलाल ने नौकर आदि सबको मना कर दिया कि ऊपर कोई न आए। उस्ताद जी अपने घर जा चुके थे।

गोविन्दलाल ने रोहिणी के साथ अपने शयन कक्ष में पहुँचकर भीतर से दरवाजा बन्द कर लिया। सामने रोहिणी नदी की धारा में काँपते बेंत के पेड़ की तरह खड़ी काँपने लगी। गोविन्दलाल ने मृदु स्वर में कहा—"रोहिणी!"

रोहिणी बोली—"क्या?"

गो०—"तुमसे बहुतेरी बातें कहनी है।"

रोहिणी—"क्या?"

गो०—"तुम मेरी कौन हो?"

रोहिणी—"कोई नहीं! जितने दिनों तक अपने चरणों में पड़े रहने दें, आपकी दासी हूँ; अन्यथा कोई नही।"

गो०—"पैर छोड़कर मैने तुम्हें माथे पर बिठाया था। राजाओं जैसा ऐश्वर्य, राजा से अधिक सम्पत्ति, अकलंक चरित्र, अत्याज्य धर्म सबका तुम्हारे लिए त्याग कर दिया। तुम कौन हो रोहिणी, जिसके लिए मैं यह सब परित्याग कर वनवासी हुआ तुम कौन हो रोहिणी, जो तुम्हारे लिए मैंने भ्रमर जगत् में अतुलनीय, दुःख में अमृत के समान वह भ्रमर उसे भी त्याग दिया?"

यह कहते हुए गोविन्दनाल दुःख और क्रोध के वेग को संभाल न सके और उन्होंने रोहिणी पर पदाघात किया।

रोहिणी गिर पड़ी कुछ बोली नहीं, रोने लगी। लेकिन उसकी आँख के आँसू गोविन्दलाल देख न सके।

गोविन्दलाल ने कहा— "रोहिणी! खड़ी हो।" रोहिणी खड़ी हो गयी।

गो०—"एक बार तुम मरने के लिए गयी थी। फिर मरने का साहस है?" रोहिणी उस समय स्वयं ही मृत्यु-कामना कर रही थी। बड़े ही कातर स्वर में बोली मेरे जो भाग्य में था, वह हुआ। "अब क्यों न मरना चाहूँगी!"

गो०—"तो खड़ी रहो। खबरदार, हिलना नहीं!" रोहिणी खड़ी रही।

गोविन्दलाल ने पिस्तौल का बॉक्स खोला। पिस्तौल बाहर निकाली। वह भरी हुई थी, भरी ही रहती थी।

पिस्तौल लेकर और उसे रोहिणी के सामने तानकर गोविन्दलाल ने कहा—"बोलो, मरना चाहती हो?"

रोहिणी विचार में पड़ गयी। एक दिन वह अनायास ही अपनी इच्छा से वारुणी ताल के जल में डूबकर मरने गयी थी, आज वह दिन रोहिणी भूल गयी। अब वह दुःख नहीं, इसलिए वह साहस भी न रहा। उसने सोचा—"क्यों मरूँ? न हो तो ये मुझे त्याग दें! ये चाहे त्याग दें, पर मैं इन्हें कभी भूल नहीं सकती। लेकिन इतने के लिए मरूँ क्यों? इनका मन में ध्यान करूँगी, दुःखी अवस्था आने पर भी इनका ध्यान करूँगी, इस प्रसादपुर के सुखों को याद करूँगी। यह भी तो एक सुख है यह भी तो एक आशा है! मरूँ क्यों?"

रोहिणी बोली—"मैं नहीं मरूँगी मारना नहीं! तुम चाहो तो अपने चरण में न रखो, विदा कर दो!"

गो०—"विदा कर दूँ?"

यह कहकर गोविन्दलाल ने पिस्तौल उठाकर रोहिणी के ललाट का लक्ष्य किया।

रोहिणी काँप उठी बोली—"मारो मत! मेरी नयी उमर है, नये सुख हैं। मैं अब तुम्हें मुँह न दिखाऊँगी। अब तुम्हारी राह का रोड़ा न बनूँगी अभी चली जाती हूँ। मुझे मत मारो!"

गोविन्दलाल की पिस्तौल गर्जन कर उठी बड़ी जोरदार आवाज हुई, इसके बाद सब अन्धकार। रोहिणी मरकर जमीन पर गिर पड़ी।

गोविन्दलाल ने पिस्तौल वहीं फेंक दी और बड़ी तेजी से घर के बाहर निकले।

पिस्तौल की आवाज सुनकर रूपा आदि नौकर देखने दौड़े। उन सबने देखा कि रोहिणी का शरीर किसी बालक द्वारा नोची गई पद्मिनी की तरह पड़ा हुआ है और गोविन्दलाल का कहीं पता नहीं है।

दसवाँ परिच्छेद

दूसरा वर्ष

उसी रात चौकीदार ने थाने में जाकर खबर कर दी कि प्रसादपुर की कोठी में खून हो गया है। सौभाग्यवश थाना वहाँ से 6 कोस दूर था। दरोगा के आने में दूसरे दिन का एक प्रहर बीत गया। आकर वह खून की तफतीश में लग गये। कायदे के मुताबिक उन्होंने सूरतहाल और लाश की पहचान अपनी रिपोर्ट सहित भेज दी। इसके बाद रोहिणी की लाश पोस्टमार्टम के लिए बाँध छाँदकर एक बैलगाड़ी पर लादकर भेज दी गयी। बाद में थानेदार ने स्नानादि कर भोजन किया। इसके उपरान्त अपराधी के अनुसन्धान में लग गये। गोविन्दलाल रोहिणी को मारकर उसी समय घर से भागे हुए थे और फिर घर में लौटे नहीं थे। कौन कह सकता है कि एक दिन और एक रात का अवसर पाकर गोविन्दलाल कितनी दूर निकल गये होंगे? किसी ने उन्हें देखा भी नहीं वे किधर भागे, यह भी कोई नहीं जानता। उनका नाम तक कोई नहीं जानता था। गोविन्दलाल ने प्रसादपुर में आकर कभी अपना नाम-धाम प्रकट नहीं किया। वहाँ उन्होंने अपना नाम चुन्नीलाल दत्त प्रचारित किया था। उनके नौकर भी जानते न थे कि वे किस क्षेत्र से यहाँ आये हैं। कभी इसको कभी उसको पकड़कर गवाही लेते दरोगा घूमने लगे लेकिन गोविन्दलाल का कोई पता वे लगा न सके। अन्त में उन्होंने अपनी वह रिपोर्ट पेश कर दी, जिसमें साफ लिख दिया गया था कि दोषी फरार है।

इसके बाद यशोहर से फिचल खाँ नामक एक खुफिया जासूस इस मुकदमे की छान-बीन के लिए भेजा गया। फिचल खाँ की अनुसन्धान-प्रणाली यहाँ सविस्तार लिखने की आवश्यकता

नहीं। अवश्य ही उन्होंने अनेक पत्र घर की तलाशी में पाये होंगे। उसके द्वारा उन्होंने गोविन्दलाल का असली नाम-धाम जान लिया। यह कहने की आवश्यकता नहीं कि उन्होंने आवेश में हरिद्रा गाँव तक की यात्रा की। लेकिन गोविन्दलाल हरिद्रा गाँव गये न थे, अतः फिचल खाँ गोविन्दलाल को वहाँ पा न सकने के कारण वापस आ गया।

इधर निशाकर दास उस कराल कालरात्रि में रोहिणी को अकेली असहाय छोड़कर प्रसादपुर बाजार के अपने डेरे असहाय में लौट आयें। यहाँ माधवीनाथ उनकी प्रतीक्षा कर रहे थे। माधवीनाथ गोविन्दलाल के सुपरिचित ससुर हैं। इसलिए वे उनसे मिलने न गये थे। अब निशाकर ने आकर सारा विस्तृत हाल उनसे कहा। हाल सुनकर माधवीनाथ ने कहा—"काम तो अच्छा नहीं हुआ! ऐसी अवस्था में खून तक हो जाता है।"

इसका क्या परिणाम होता है, यह जानने के लिए दोनों ही व्यक्ति प्रसादपुर बाजार में छिपे हुए पता लगाने लगे। सबेरे ही यह समाचार उन्होंने सुना कि चुन्नीलाल दत्त अपनी स्त्री का खून कर भाग गया। इस समाचार पर विशेष भीत होकर वे लोग शोकाकुल हुए। गोविन्दलाल भय के लिए था लेकिन अन्त में उन्होंने देखा कि दरोगा कुछ कर न सका। गोविन्दलाल का कोई पता नहीं है। इस पर उन लोगों ने एक प्रकार से निश्चिन्त होकर, लेकिन फिर भी बहुत दुःखी हृदय से उस जगह से प्रस्थान किया।

ग्यारहवाँ परिच्छेद

तीसरा वर्ष

मरी नहीं भ्रमर। क्यों नहीं मरी, यह नहीं कह सकते। इस संसार में सबसे बड़ा दुःख यह है कि मरने के उपयुक्त समय पर कोई मरता नहीं असमय में सभी मरते हैं। शायद यही कारण है कि भ्रमर भी नहीं मरी। जो हो, भ्रमर भयानक रोग से छूटकर कुछ अच्छी हुई है। इस समय भ्रमर अपने पिता के घर में ही रहती है। माधवीनाथ गोविन्दलाल का जो समाचार लाये थे, उनकी पत्नी ने उसे एकान्त में अपनी बड़ी लड़की भ्रमर की बहन से कह दिया। उनकी बड़ी लड़की ने गुप्त रूप से भ्रमर से सब कहा। अब भ्रमर की बड़ी बहन यामिनी बोली—"अब वे अपने हरिद्रा गाँव में आकर क्यों नहीं रहते? ऐसी अवस्था में शायद कोई आपद-विपद् न रहेगी।"

भ्रमर—"विपद् कैसे न रहेगी?"

यामिनी—"वे प्रसादपुर में नाम बदलकर रहते थे। वही गोविन्दलाल बाबू हैं, यह कोई नहीं जानता।"

भ्रमर—"तुमने सुना नहीं कि हरिद्रा गाँव में पुलिस जाँच करने के लिए आयी थी तब भला कैसे नहीं जानती?"

यामिनी—"मान लो कि वह जान गयी। तब भी वहाँ जाकर अपनी सम्पत्ति पर अधिकार करके बैठने से उन्हें रुपयों की कमी न होगी। पिता जी का कहना है कि रुपये से पुलिस को वश में किया जा सकता है।"

भ्रमर रोने लगी। बोली—"यह परामर्श उन्हें कौन दे? कहाँ उनसे मुलाकात होगी कि यह सत्परामर्श उन्हें दिया जा सके। पिताजी ने एक बार उनकी खोज खबर ली; क्या एक बार फिर उनकी खोज-खबर न लेंगे।

यामिनी—"पुलिस वाले पता लगाने में कितने तेज होते हैं। जब वही पता नहीं लगा पाते हैं, तो कैसे कहा जाए कि पिता जी पता लगा सकेंगे! लेकिन हमें ऐसा विश्वास होता है कि गोविन्दलाल खुद हरिद्रा गाँव में आकर बैठेंगे। प्रसादपुर की घटना के बाद ही यदि वे गाँव लौट आते तो लोग सहज ही अनुमान लगा लेते कि यही गोविन्दलाल है, जो प्रसादपुर से भागकर यहाँ आ बैठे है। जान पड़ता है। इसीलिए वे इतने दिनों तक फरार हैं। अब भरोसा है कि शायद आएँ!

भ्रमर—"मुझे कोई भरोसा नहीं।"

या०—"यदि आएँ तो?

भ्रमर—"यदि यहाँ आने से उनका मंगल हो, तो देवताओं के चरणों में कायमनोवाक्य से मैं प्रार्थना करती हूँ कि वे चले आएँ। साथ ही यदि इसमें अमंगल हो, तो भगवान से यही मगँती हूँ कि वे कभी हरिद्रा गाँव में न आएँ। भगवान उन्हें ऐसी मति दें, जिसमें वे निरापद रह सकें!"

या०—"मेरे विचार से बहन, तुम्हारा वहीं रहना उचित है! क्या जाने किस दिन वे रूपयों के अभाव में वहाँ आ जाएँ! शायद अमलों पर अविश्वास कर उनसे मुलाकात न करें। तुम्हें न देखकर वे लौटकर जा सकते हैं।"

भ्र०—"मुझे यही रोग है। कब मरूँ कब छुट्टी मिले! मैं वहाँ किसके आश्रय में रहूँगी?"

या०—"न हो तो कहो, हम लोगों में से कोई चलकर वहाँ तुम्हारे साथ रहे। फिर भी इस समय तुम्हारा वहीं रहना उचित है!"

भ्रमर ने सोचकर कहा—"अच्छा, मैं हरिद्रा गाँव जाऊँगी। माँ से कह दो कि मुझे कल ही वहाँ पहुँचवा दें। अभी तुम लोगों में से किसी को जाने की जरूरत नहीं। लेकिन मेरी विपद् में तुम लोग जरूर खड़ी हो जाना।"

या०—“कैसी विपद्, भ्रमर?”

भ्रमर ने रोते-रोते कहा—“यदि वे आ जाएँ तो!”

या०—“इसमें विपद् कैसी भ्रमर! तुम्हारा खोया हुआ धन यदि घर में आ जाए तो इससे बढ़कर खुशी की और कौन-सी बात होगी?”

भ्रमर—“खुशी, बहन? मेरे लिए खुशी की क्या बात है?”

भ्रमर आगे बात न कर सकी। उसके मन की बात बहन समझ न सकी। भ्रमर के रोने में मर्मघाती वेदना है, यामिनी यह समझ न सकी। यामिनी समझ न सकी कि गोविन्दलाल हत्यारा है, खूनी है—भ्रमर इसे भूल नहीं पाती है।

बारहवाँ परिच्छेद

चौथा वर्ष

भ्रमर ससुराल गयी और रोज प्रतीक्षा करने लगी तो नहीं आये। दिन गये, महीने गये, लेकिन पति न लौटे शायद स्वामी आ जाएँ। लेकिन स्वामी की कोई खबर न मिली। इस तरह तीसरा वर्ष भी बीत गया, गोविन्दलाल न आये। इसके बाद चौथा वर्ष भी बीत गया, गोविन्दलाल न आये। इधर भ्रमर की बीमारी बढ़ती गयी। दमा-खाँसी का रोग है शरीर नित्य क्षय को प्राप्त हो रहा है, वह यमराज की राह पर अग्रसर है शायद इस जन्म में मुलाकात न होगी!

पाँचवाँ वर्ष चलने लगा। पाँचवें वर्ष में बड़ा झमेला खड़ा हुआ। हरिद्रा गाँव में खबर आयी कि गोविन्दलाल गिरफ्तार हो गए हैं। खबर मिली कि गोविन्दलाल वैरागी वेश में श्रीवृन्दावन में वास कर रहे थे, वहीं से पुलिस गिरफ्तार कर उन्हें यशोहर ले गयी है, यशोहर में उन पर मुकदमा चलेगा।

कान-ही-कान यह खबर भ्रमर को पता लगा। खबर का सूत्र यह है कि गोविन्दलाल ने भ्रमर के दीवान को पत्र लिखा है—मैं जेल जा रहा हूँ मेरी पैतृक संमपति से रुपये खर्च कर के मुझे बचाना यदि तुम लोग उचित समझते हो, तो यही समय है। मैं इसके योग्य नहीं हूँ, मुझे बचने की इच्छा भी नहीं है। फिर भी इच्छा यही है कि फाँसी न चढ़ना पड़े। जनरव के रूप में यह खबर घर में दीवान जी ने पत्र की बात प्रकट न की। किंवदन्ती के रूप में घर में खबर देना यह न प्रकट करना कि मैंने पत्र लिखा के भेजवाई है।”

भ्रमर ने सुनते ही पिता को बुलाने के लिए आदमी भेजा। सुनते ही माधवीनाथ कन्या के पास पहुँच गये। भ्रमर ने उनके सामने नोटों का पचास हजार का बण्डल रखकर सजल-नयन होकर कहा—"बाबूजी! अब जो कुछ कर सकते हो आप, कीजिये। देखिये, मुझे आत्महत्या न करनी पड़े।"

माधवीनाथ ने भी रोते-रोते कहा—"बेटी! तुम निश्चिन्त हो जाओ! मैं आज ही यशोहर की यात्रा करता हूँ। कोई चिन्ता न करना। गोविन्दलाल ने जो खून किया है, उसका कोई सबूत नहीं है। मैं प्रतिज्ञा करके जाता हूँ कि तुम्हारे अड़तालीस हजार रुपये बचा लाऊँगा अपने दामाद को भी घर लौटा लाऊँगा।"

इसके बाद माधवीनाथ ने यशोहर की यात्रा की। वहाँ जाकर उन्होंने सुना कि प्रमाण की अवस्था बड़ी भयावह है। इन्सपेक्टर फिचल खाँ ने मुकदमे की छानबीन करके गवाह जुटाये हैं। उन्होंने रूपा-सोना जैसे वास्तविक चश्मदीद गवाहों को पाया ही नहीं। सोना निशाकर की सेवा में था और रूपा कहाँ किस देश में भाग गया है, पता नहीं। प्रमाण की यह दुरवस्था देखकर फिचल खाँ ने कुछ नगद खर्च करके तीन गवाह तैयार किये। गवाहों ने मजिस्ट्रेट के सामने जाकर कहा—"हम लोगों ने अपनी आँखों से देखा कि गोविन्दलाल उर्फ चुन्नीलाल दत्त ने पिस्तौल से गोली चलाकर रोहिणी की हत्या की। हम लोग वहाँ गाना सुनने के लिये गए थे।" मजिस्ट्रेट साहब पक्के विलायती आचार-विचार वाले थे, उन्होंने तुरंत इतने ही प्रमाण पर मुकदमा सेशन-सुपुर्द कर दिया। जिस समय माधवीनाथ यशोहर पहुँचे, उस समय गोविन्दलाल जेल में पड़े सड़ रहे थे। माधवीनाथ ने पहुँचकर सारा हाल सुना और बड़े दुःखी हुए।

गवाहों का नाम-धाम पता करके माधवीनाथ उनके घर पहुँचे। उन्होंने उन लोगों से कहा—"देखो भाई! मजिस्ट्रेट के सामने जो कुछ कहना था, कह चुके अब जज के सामने दूसरी तरह की बातें कहनी होगी साफ कहना होगा कि हम इस बारे में कुछ नहीं जानते। यह पाँच-पाँच सौ नकद लो। आसामी के छूट जाने पर पाँच-पाँच सौ रुपये और दूँगा।"

गवाहों ने कहा—"झूठी हलफ में जो दोषी ठहरेंगे, सो?"

माधवीनाथ ने कहा—"डरो मत! मैं रुपये खर्च करके गवाहियों से प्रमाणित करा दूँगा कि फिचल खाँ ने मार-पीट और डराकर तुम्हें मजिस्ट्रेट साहब के सामने झूठी गवाही देने के लिए बाध्य किया था।"

गवाहों के चौदह पुरखों ने भी कभी इकट्ठे हजार रूपये न देखे थे। वे सब उसी समय तैयार हो गये।

कोर्ट में फैसले का दिन आया। गोविन्दलाल कठघरे के भीतर खड़े हुए। पहले गवाह ने उपस्थित होकर हलफ ली। सरकारी वकील ने उससे पूछा—"तुम इस गोविन्दलाल उर्फ चुन्नीलाल को पहचानते हो?"

गवाह—"नहीं, याद तो नहीं है।"

वकील—"कभी देखा है?"

गवाह—"नहीं।"

वकील—"रोहिणी को पहचानते थे?"

गवाह—"कौन रोहिणी?"

वकील—"प्रसादपुर की कोठी में जो थी!"

गवाह—"हमारे बाप के पुरखे भी कभी प्रसादपुर की कोठी में नहीं गये।"

वकील—"रोहिणी कैसे मरी?"

गवाह—"सुना है की आत्महत्या की थी उसने।"

वकील—"उसका खून होने के बारे में कुछ जानते हो?"

गवाह—"कुछ नहीं!"

इस पर वकील ने, गवाह मजिस्ट्रेट के सामने जो गवाही दे चुका था। उसे पढ़कर सुनाया। फिर पूछा—"क्यों, तुमने मजिस्ट्रेट के सामने यह सब बातें कहीं थीं?"

गवाह—"हाँ, कही थीं।"

वकील—"अगर कुछ नहीं जानते थे, तो क्यों कहा?"

गवाह—"मार के डर से। फिचल खाँ ने मारने-पीटने में कुछ भी उठा नहीं रखा था।"

यह कहता हुआ गवाह रो पड़ा। दो-चार दिन पहले जमीन के बारे में उसकी अपने भाई से मार-पीट हुई थी, उसके दाग अभी तक थे। गवाह ने मौका पाकर उन्हीं दागों को फिचल खाँ की मार के दाग कहकर जज को दिखाया।

सरकारी वकील ने अप्रतिभ होकर दूसरे गवाह को बुलाया। उस दूसरे गवाह ने भी वही बातें कहीं। उसने अपनी पीठ पर नीले रंग के दाग बना दिये थे, उन्हें चोट बताकर दिखाया। हजार रुपयों के लिए सब कुछ हो सकता है!

तीसरे गवाह का भी वही हाल रहा। इस पर जज ने प्रमाणाभाव लिखकर आसामी को रिहा कर दिया। साथ ही जज ने फिचल खाँ पर अत्यन्त रुष्ट होकर मजिस्ट्रेट को उसके चरित्र की जाँच का आदेश दिया।

विचार के समय गवाहों की ऐसी हालत देखकर गोविन्दलाल विस्मित हुए। इसके बाद दर्शकों की भीड़ में उन्होंने जब माधवीनाथ को देखा, उसी समय सब समझ गये। रिहा होने के बाद भी उन्हें एक बार फिर जेल जाना पड़ा वहाँ से रिहाई का परवाना प्राप्त होने पर ही वे रिहा

हो सकते थे। वे जब जेल जा रहे थे, उसी समय कौशलपूर्वक माधवीनाथ ने गोविन्दलाल के निकट होकर धीरे से कहा आने के बाद एक बार मुझसे मिलना। मेरा डेरा अमुक स्थान में हैं।" लेकिन गोविन्दलाल रिहा होने के बाद माधवीनाथ के पास नहीं गये कहाँ गये, कोई जान भी नहीं पाया। माधवीनाथ ने चार-पाँच दिनों तक उनकी खोज की, लेकिन कुछ पता न चला। अन्त में माधवीनाथ को अकेले ही हरिद्रा गाँव वापस आना पड़ा।

तेरहवाँ परिच्छेद

पाँचवाँ वर्ष

माधवीनाथ ने आकर भ्रमर को खबर दी कि गोविन्दलाल रिहा हो गये, लेकिन घर नहीं आये कहाँ चले गये, पता न लग सका। माधवीनाथ के चले जाने पर भ्रमर खूब रोयी किसलिए रोयी, नहीं कह सकते! लेकिन इधर गोविन्दलाल रिहा होते ही प्रसादपुर गये। जाकर उन्होंने देखा कि वहाँ कुछ भी नहीं है और कोई भी नहीं है। वहाँ जाकर उन्होंने सुना कि उस अट्टालिका में जो कुछ था, उसमें से बहुत कुछ तो लुट गया; जो कुछ बचा था, वह भी लावारिस कहकर नीलाम कर दिया गया केवल मकान खड़ा है, उसके भी खिड़की-दरवाजे कितने ही भूत उठा ले गये। प्रसादपुर के बाजार में दो-एक दिन ठहरकर गोविन्दलाल ने मकान के ईंट-पत्थर पानी के मोल बेचे और जो कुछ प्राप्त हो सका, लेकर कलकत्ते चले आये।

कलकत्ते में बहुत गुप्त रूप से और बहुत सामान्य अवस्था में गोविन्दलाल अपने दिन बिताने लगे। प्रसादपुर से बहुत थोड़े ही रुपये वे अपने साथ लाये थे; वे सब एक साल में ही समाप्त हो गये। अब दिन बीतने की सम्भावना न रही। तब 6 वर्षों के बाद गोविन्दलाल ने सोचा कि भ्रमर को एक पत्र लिखें।

गोविन्दलाल कागज, कलम, दावात लेकर भ्रमर को पत्र लिखने के लिए बैठे। हम सत्य कहेंगे—पत्र लिखने बैठकर गोविन्दलाल बहुत रोये। रोते-रोते उन्होंने मन में सोचा ठिकाना है कि भ्रमर जिन्दा है। किसे पत्र लिखें? इसके बाद फिर सोचा यदि पत्र लौट आया, तो समझ जाऊँगा भ्रमर जीवित नहीं है। इससे क्या एक बार लिखकर तो देखें!

क्या लिखें? इसी सोच-विचार में कितनी देर तक गोविन्दलाल बैठे रहें, कैसे बताया जाए! अन्त में उन्होंने सोचा—जिसे बिना दोष मृत के समान छोड़ दिया, यह दोष लिखने में क्या हर्ज है! अन्त में बहुत सोच-समझकर गोविन्दलाल ने पत्र लिखा।

"भ्रमर!"

6 वर्षों के बाद यह पापी फिर से तुम्हें पत्र लिख रहा है। इच्छा हो तो पत्र पढ़ना, न इच्छा हो तो बिना पढ़े ही फाड़ कर फेंक देना।

मेरे भाग्य में जो कुछ था और जो-जो हुआ, शायद तुमने सब सुना होगा। यदि कहूँ कि यह सब मेरा कर्मफल था, तो शायद तुम समझोगी कि तुम्हारा मन रखने के लिए मैं ऐसा लिख रहा हूँ क्योंकि आज मैं तुम्हारे आगे भिखारी हूँ।

मैं इस समय कंगाल हूँ। तीन वर्षों तक भिक्षा माँगकर पेट चलाया। तीर्थ-स्थान में भिक्षा मिल जाती थी। यहाँ भीख भी नहीं मिलती फलत: मैं अन्न के अभाव में मर रहा हूँ।

मेरे जाने की एक जगह थी काशी में माता की गोद। लेकिन माँ का स्वर्गवास हो गया है, शायद तुम यह जानती होगी। फलत: मेरे लिए अब कोई स्थान भी नहीं है अन्न भी नहीं।

इसीलिए मैंने मन में सोचा है हरिद्रा गाँव में फिर अपना काला मुँह दिखाऊँगा।

अन्यथा खाऊँगा क्या? जिसने बिना अपराध तुम्हारा परित्याग कर स्त्री-हत्या तक की, उसे अब काहे की लज्जा? मैं अपना काला मुँह दिखा सकता हूँ; लेकिन तुम सम्पत्ति की अधिकारिणी हो घर तुम्हारा है। मैंने तुमसे बैर किया है क्या तुम मुझे स्थान दोगी?

पेट की ज्वाला से तुम्हारा आश्रय चाहता हूँ, क्या दोगी?"

इस तरह पत्र लिखकर नीचा-ऊँचा विचारकर अन्त में गोविन्दलाल ने उसे डाक में छोड़ दिया।

यथाकाल पत्र भ्रमर के हाथ में पहुँचा।

पत्र पाते ही भ्रमर अक्षर पहचान गयी। पत्र खोलकर काँपते-काँपते भ्रमर ने जाकर अपने शयन-गृह का दरवाजा बन्द कर लिया और एकान्त में बैठकर आँखों से जलधार बहाती हुई उसे पढ़ने लगी। उस पत्र को उसने एक बार, दो बार, सौ बार, हजार बार, बार-बार पढ़ा। उस दिन भ्रमर ने फिर अपना दरवाजा न खोला। खाने-पीने के लिए जिसने आकर पुकारा, सबसे उसने कह दिया कि—"मुझे बुखार आ गया है, मैं न खाउँगी!" भ्रमर को सदा ही ज्वर रहता है; लोगों ने विश्वास कर लिया।

दूसरे दिन निद्राशून्य शय्या से जब भ्रमर उठी, तो सचमुच उसे ज्वर था लेकिन उस समय चित्त स्थिर था विकार-रहित था। पत्र का उत्तर जो लिखना होगा, उसने पहले ही सोच लिया था उसे सहस्रों बार विचारकर भ्रमर ने निश्चित किया था, अब उसे सोचने की जरूरत नहीं थी। सारी बातें उसने पहले ही सोच ली थीं।

उसने पत्र में 'सेविका' नहीं लिखा। लांकन पति हर अवस्था में प्रणम्य है, अत: उसने लिखा—"प्रणामा शतसहस्त्र निवेदनञ्च विशेष!"

इसके बाद लिखा—"आपका पत्र प्राप्त हुआ। सम्पत्ति आपकी है। मेरी होने पर भी मैं उसे दान कर चुकी हूँ। आपको याद होगा, जाने के समय आपने उसी दान-पत्र को फाड़कर फेंक दिया था। लेकिन रजिस्ट्रेशन ऑफिस में उसकी नकल है। मैं जो दान कर चुकी हूँ, यह बात प्रमाणित है। आज भी वह दान वर्तमान है।

"अतएव आप निर्विघ्न हरिद्रा गाँव आकर अपनी सम्पत्ति पर अधिकार कर सकते हैं। घर आपका है।

"इन रुपयों में थोड़े की मैं प्रार्थना करती हूँ। आठ हजार रुपये मैं उसमें से लेना चाहती हूँ। तीन हजार रुपयों से गंगा-तट पर मैं एक मकान बनाऊँगी और शेष पाँच हजार रुपये मेरी जीविका के लिये यथेष्ट है।

"आपके आने का सारा बन्दोबस्त कर मैं मायके चली जाऊँगी। जब तक मेरा नया मकान नहीं बना जाता, तब तक मै पिता के घर रहूँगी। आपके साथ इस जन्म में साक्षात् की कोई सम्भावना नहीं है। इसमें मैं सन्तुष्ट हूँ, आप भी सन्तुष्ट होंगे, इसमें मुझे कोई सन्देह नहीं है।

"मैं आपके दूसरे पत्र की प्रतीक्षा करूँगी।"

यह पत्र यथासमय गोविन्दलाल के पास पहुँचा। उफ! कैसा भयानक पत्र है! जरा भी कोमलता नहीं। गोविन्दलाल ने भी लिखा था 6 वर्ष बाद लिखता हूँ; लेकिन भ्रमर के पत्र में वह बात भी नहीं। यह वही भ्रमर है?

गोविन्दलाल ने पत्र पढ़कर लिखा—"मैं हरिद्रा गाँव नहीं आऊँगा। जिससे मेरा यहाँ गुजारा हो सके, ऐसी मासिक भिक्षा मुझे यहीं भेज दिया करो।"

भ्रमर ने उत्तर लिखा—"हर महीने पाँच सौ रुपये भेजूँगी और अधिक भेज सकती हूँ, लेकिन इस डर से नहीं भेजती हूँ कि उसका अपव्यय हो सकता है। इन कई वर्षों में मैंने बहुत कुछ रुपये जमा किये हैं, वे सब आपके हैं। साथ ही एक निवेदन और है, हर वर्ष के खर्च से जो रूपये बच रहे हैं और जमा हैं, यहाँ आकर यदि आप उनका भोग करें तो बहुत अच्छा होगा। मेरे लिए देशत्यागी न होइयेगा, मेरे दिन तो समाप्त हो रहे हैं।"

गोविन्दलाल कलकत्ते में ही रहें। दोनों ही समझ गये कि यही अच्छा है।

चौदहवाँ परिच्छेद

छठवाँ वर्ष

भ्रमर के दिन सचमुच समाप्त हो रहे हैं। बहुत दिनों से भ्रमर की सांघातिक पीड़ा उपचार की वजह से बढ़ती जा रही थी। लेकिन रोग अब उपचार से बली हो गया था। भ्रमर का शरीर दिन-प्रतिदिन क्षय हो रहा है।

अगहन के महीने में भ्रमर खाट पर पड़ गयी। फिर उसने शय्या का त्याग न किया। माधवीनाथ स्वयं आकर और पास में रहकर निष्फल उपचार कराने लगे। यामिनी भी हरिद्रा गाँव में आकर भ्रमर की अन्तिम सेवा-सुश्रूषा में लग गयी।

रोग उपचार से दबा नहीं। पूस का महीना भी इस तरह बीता। भादों में भ्रमर ने औषधि खाना छोड़ दिया। औषधि सेवन अब व्यर्थ था। उसने यामिनी से कहा—"अब दवा न खाऊँगी, बहन! सामने ही फाल्गुन का महीना है फाल्गुन मास की पूर्णिमा की रात को मैं मर जाऊँगी। देखना बहन! फाल्गुन की वह पूर्णिमा बीतने न पाएगा। अगर देखना कि फाल्गुन पूनम की रात बीतना चाहती है, तो गला दबाना मत भूलना! रोग से हो, गला दबाकर हो—फाल्गुन की ज्योत्स्नामयी रात्रि में मरना ही होगा याद रखना, बहन!"

यामिनी रोयी, लेकिन भ्रमर ने फिर दवा न खायी। औषधि खाती न थी रोग शान्त न था लेकिन भ्रमर दिन-पर-दिन प्रसन्न वदन हो रही थी।

इतने दिनों के बाद भ्रमर ने फिर हँसी, तमाशा शुरू किया। पूरे 6 वर्ष के बाद यह हँसी, तमाशा था। दीप बुझने के पहले तेजोद्दीप्त हो रहा था।

जितने दिन बीतने लगे अन्तिम काल जितना समीप आने लगा, भ्रमर उतनी ही स्थिर, प्रफुल्ल हास्यमूर्ति बन रही थी। अन्त में वह भयंकर आखिरी दिन उपस्थित हुआ। भ्रमर परिजनों की चंचलता और यामिनी का रोना देखकर समझ गयी कि शायद आज दिन पूरे हुए। शरीर की यन्त्रणा से भी ऐसा ही अनुभव होने लगा। तब भ्रमर ने यामिनी से कहा—"आज अन्तिम दिन है।"

"बहन! आज आखिरी दिन है मेरी कुछ इच्छा है फिर यामिनी रो पड़ी। भ्रमर बोली मन रख देना।"

यामिनी रोती रही जवाब न दे सकी।

भ्रमर बोली—"मेरी एक इच्छा है आज रोना नहीं मेरे मर जाने पर रो लेना, मैं मना करने नहीं आऊँगी। लेकिन आज तुम लोगों से कई बातें बोलनी हैं; कह सकूँगी तो बिना कष्ट के मर सकूँगी यही साधा है।"

यामिनी आँखों से आँसू पोंछकर पास में बैठी; लेकिन गला भरा होने के कारण वह बोल न सकी।

भ्रमर बराबर कहती गयी और एक इच्छा तुम्हें छोड़कर यहाँ और कोई न आए। समय पर सबके साथ मुलाकात कर लूँगी लेकिन अभी यहाँ कोई न आए।"

यामिनी कितनी देर तक रोना रोक सकती थी?

क्रमश: रात होने लगी। "दीदी! रात कैसी जोत्स्नामयी है, कैसी बहारदार भ्रमर ने पूछा चाँदनी है?"

यामिनी ने खिड़की के पल्ले खोलकर कहा—"गजब की चाँदनी है!"

भ्रमर—"तो सारी खिड़कियाँ खोल दो। मैं चाँदनी देखकर मरूँगी। जरा देखो तो, इस खिड़की के नीचे जो बगीचा है, उसमें फूल खिले हैं या नहीं?"

इसी खिड़की के पास खड़ी होकर भ्रमर प्रात:काल गोविन्दलाल से बातें करती थी। आज सात वर्ष हुए, भ्रमर इन खिड़कियों के पास नहीं जाती वह खिड़कियाँ खोली ही न गयीं थी।

यामिनी बड़े कष्ट से उस खिड़की को खोलकर और फिर देखकर बोली—"कहाँ, यहाँ तो बगीचा है ही नहीं! यहाँ तो केवल घास-फूस का वन है। दो-एक मरे-सूखे पेड़ हैं, लेकिन उनमें फूल कहाँ!"

भ्रमर बोली—"सात वर्ष हुए, यहाँ पहले लहलहाता बाग था। कुसेवा हो गयी। मैंने सात वर्ष से नहीं देखा।"

बहुत देर तक भ्रमर चुप रही। इसके बाद फिर बोली—"जहाँ से हो सके दीदी, आज मुझे फिर फूल मँगा दे! देखती नहीं हो, आज मेरी फूलशय्या है।?"

यामिनी की आज्ञा पाते ही दास-दासियों ने राशि-राशि फूल ला दिये। भ्रमर ने कहा—"मेरे बिछौने पर आज फूल छिड़क दो मेरी फूलशय्या है।"

यामिनी ने वैसा ही किया। तब भ्रमर की आँखों से जल की धारा बहने लगी। यामिनी ने कहा—"बहन! क्यों रोती हो?"

भ्रमर बोली—“दीदी! एक ही दुःख बहुत बड़ा रह गया। जिस दिन स्वामी मुझे त्यागकर काशी चले गये, उसी दिन हाथ जोड़कर भगवान से भिक्षा माँगी थी कि एक दिन उनके साथ मुलाकात हो जाए। बड़ी स्पर्धा के साथ मैंने कहा था। यदि मैं सती होऊँगी तो उनके साथ मेरी फिर मुलाकात होगी! लेकिन कहाँ, फिर तो मुलाकात नहीं हुई। आज का दिन मेरी मृत्यु का दिन है दीदी, यदि एक बार फिर मुलाकात हो जाती तो सात वर्ष के सारे दुःख भूल जाती मैं।”

यामिनी ने कहा—“देखो क्या होता है?”

भ्रमर बिजली की तरह चमककर बोली—“किसकी बात कहती हो?”

यामिनी ने स्थिर होकर कहा—“गोविन्दलाल की बात! वे यहाँ आ गये हैं। बाबूजी ने उन्हें तुम्हारी बीमारी का समाचार दिया था। उसे सुनकर वे एक बार तुमसे मिलने आये हैं। आज ही पहुँचे हैं। तुम्हारी अवस्था देखकर मैं भय से अभी तक तुमसे कह न सकी। वे भी साहस करके आ नहीं पा रहे हैं।”

भ्रमर ने रोकर कहा—“एक बार मिला दो दीदी! इस जन्म में फिर एक बार देखें, इसका अवसर बस एक बार और!”

यामिनी उठकर गयी। थोड़ी ही देर बाद नि:शब्द पैर रखते हुए गोविन्दलाल सात वर्ष के बाद अपने शयन-गृह में फिर आएँ।

दोनों के ही आँखों में आँसू था। उनमें से एक भी बात नहीं कर सका। भ्रमर ने स्वामी को पास आकर बिछौने पर बैठने का इशारा किया। गोविन्दलाल रोते-रोते आकर बिछौने पर बैठे। भ्रमर ने उन्हें और समीप आने के लिए कहा। गोविन्दलाल और समीप आ गए। इसके बाद भ्रमर ने अपनी पहुँच के अन्दर आये पैरों की धूलि हाथ से उठाकर कपाल पर लगायी और बोली आशीर्वाद दो कि मैं जन्म-जन्मान्तर में सुखी होऊँ।” “आज मेरे सारे अपराधों को क्षमा करके गोविन्दलाल के मुँह से कोई शब्द निकल न पाया। उन्होंने भ्रमर का हाथ अपने हाथ में ले लिया। इसी तरह हाथ में हाथ रहा बहुत देर तक। भ्रमर ने निःशब्द प्राण त्याग दिया।

पन्द्रहवाँ परिच्छेद

भ्रमर की मृत्यु हो गयी। यथारीति उसका अन्तिम संस्कार हुआ। संस्कार कर गोविन्दलाल आकर बैठे। लौटने के बाद से अब तक उन्होंने किसी के साथ बातें न की थीं।

फिर रात हुई। भ्रमर की मृत्यु के दूसरे दिन भी सूर्य हमेशा की तरह जैसे उगते थे, वैसे ही उगे। वृक्ष के पत्ते छायालोक से चमक उठे। सरोवर का कृष्णवर्ण जल लहरें लेता हुआ चमक उठा। आकाश के काले मेघ उजले दिखाई देने लगे। मानों भ्रमर मरी ही नहीं! गोविन्दलाल बाहर निकल आए।

गोविन्दलाल ने दो स्त्रियों से प्रेम किया था भ्रमर और रोहिणी से और दोनों स्त्रियाँ मर गई। वे रोहिणी के सौन्दर्य पर आकृष्ट हुए थे। यौवन की अतृप्त रूप-तृष्णा शान्त कर न पाये। भ्रमर को त्यागकर उन्होंने रोहिणी को ग्रहण किया था। रोहिणी को ग्रहण करके वे जान गए थे कि वह भ्रमर नहीं है, यह रूप-तृष्णा है। स्नेह नहीं ओस है यह, सुख नहीं; यह मन्दारघर्षण से पीड़ित वासुकी नाग की साँसों से निकलने वाला महाहलाहल विष है। यह धनवन्तरि के भाण्ड से निकला अमृत नहीं है। वह समझ गए कि इस हृदय-सागर को मथ-मथ कर उन्होंने जो हलाहल निकाला है, वह अपरिहार्य है उसे पीना ही पड़ेगा। नीलकंठ की तरह गोविन्दलाल ने भी उस जहर का पान किया। जहर भी गोविन्दलाल के कण्ठ में जैसा लगा रहा था, वह पुराना होने का नहीं नीलकंठ के विष की तरह यह वह विष कभी कम होने का नाम नहीं! लेकिन वह पहले का चखा हुआ स्वादिष्ट विशुद्ध भ्रमर के प्रणय का अमृत स्वर्गीया गंधयुक्त, उत्साहवर्धक और सर्व रोगहर औषधि के रूप में रात-दिन स्मृति-पट पर नाचने लगा। जिस समय प्रसादपुर रोहिणी के संगीत-स्रोत में डूबा हुआ था, उस समय भी भ्रमर उनके चित्त में प्रबल प्रतापयुक्त अधिकारी की तरह आसीन थी रोहिणी बाहर थी। उस समय भ्रमर अप्राप्य थी, रोहिणी अत्याज्य थी लेकिन उस समय भी भ्रमर अन्दर, रोहिणी बाहर थी। इसी कारण रोहिणी की मृत्यु इतनी जल्दी हुई। यदि कोई इस बात को न समझ सके तो मेरा यह कथा लिखना व्यर्थ है!

यदि गोविन्दलाल रोहिणी की यथाविहित व्यवस्था कर स्नेहमयी भ्रमर के पास हाथ जोड़कर खड़े होते और कहते कि —"मुझे क्षमा कर दो, मुझे फिर अपने हृदय में स्थान दे दो!" यदि कहते—"मुझ में इतना गुण नहीं कि तुम्हें क्षमा कर सकूँ लेकिन तुम में तो अनेक गुण हैं, तुम अपने गुणों से मुझे क्षमा कर दो।" शायद ऐसा होने से भ्रमर उन्हें क्षमा कर देती क्योंकि रमणी क्षमामयी, दयामयी, स्नेहमयी होती हैं। स्त्रियाँ ईश्वर की कीर्ति की चरमोत्कर्ष है, भगवान की छाया है पुरुष तो भगवान की सृष्टि मात्र है। स्त्री आलोक है, पुरुष छाया! आलोक कभी छाया का त्याग कर सकता है?

लेकिन गोविन्दलाल वह सब कर न सके। शायद अहंकारवश! पुरुष अभिमान से भरे होते हैं। कुछ लज्जा के कारण न कर सके दुष्कृत-कार्यों का दण्ड लज्जा है। कुछ भय के कारण न कर सके, पाप सहज ही पुण्य के सम्मुख जा नहीं सकता। भ्रमर के सामने मुँह दिखाने लायक न रहे,

इसलिए गोविन्दलाल अधिक आगे बढ़ नहीं सके; उस पर गोविन्दलाल ठहरे खूनी। उस समय तो उनकी रही-सही आशा भी खत्म हो गई। अँधकार उजाले का सामना नहीं कर सका।

यह सब होने पर भी, पुन: अंकुरित होने वाली दूब के समान भ्रमर के दर्शन की दाहकारी लालसा वर्ष-वर्ष में, मास-मास में, दिन-दिन में, प्रहर-प्रहर में, पल-पल में गोविन्दलाल को जलाने लगी। किसने ऐसा सुख पाया है। और किसने इस तरह खोया है। भ्रमर ने भी तकलीफ पायी, गोविन्दलाल ने भी कष्ट पाया। लेकिन गोविन्दलाल की तुलना में भ्रमर सुखी थी। गोविन्दलाल का दु:ख मनुष्य-देह के लिए असह्य था। भ्रमर के तो कुछ सहायक भी थे गोविन्दलाल को किसी का सहारा भी न था।

फिर रात समाप्त हुई और सूर्यालोक से जगत् हँस उठा। गोविन्दलाल घर के बाहर निकले। रोहिणी का खून गोविन्दलाल ने अपने हाथ से किया था भ्रमर का खून भी उन्होंने अपने हाथ से किया था। इसलिए सोचते-सोचते वे बाहर निकले।

हम नहीं जानते कि वह रात गोविन्दलाल ने कैसे बितायी थी शायद रात भयानक रूप में दु:खदायी ही रही। दरवाजा खोलते ही उनकी मुलाकात माधवीनाथ से हुई। माधवीनाथ गोविन्दलाल का चेहरा देखते रह गये। वह चेहरा भयानक रोगी का था, उस पर भयानक रोग की छाया पड़ चुकी थी।

माधवीनाथ ने उनसे बात नहीं की। मन-ही-मन उन्होंने प्रण किया था कि इस जीवन में वे गोविन्दलाल से भाषण न करेंगे। बिना बोले ही माधवीनाथ लौटकर चले गये।

गोविन्दलाल घर से निकलकर भ्रमर के शयन कक्ष के नीचे के उस उद्यान में गए। यामिनी ने सच कहा था कि उस बाग में फूल नहीं है। समूचा बगीचा घास-फूस और सूखे में परिवर्तित हो गया था। दो-एक अमर वृक्ष आज भी अधमरे के समान खड़े थे, लेकिन उनमें फूल न था। गोविन्दलाल बहुत देर तक उस जंगल में घूमते रहे। बहुत देर हुई; धूप की तेजी बहुत बढ़ गई। गोविन्दलाल घूमते-घूमते अन्त में जाकर वहाँ से निकले।

वहाँ से निकलकर गोविन्दलाल किसी से न बोलकर और कहीं न जाकर उस वारुणी पुष्करिणी के तट पर गए। दोपहर हो चली थी। तेज धूप के कारण वरुणी का मटमैला जल तप रहा था। स्त्री-पुरुष अनेक लोग घाट पर स्नान कर रहे थे। लड़के जल में तैर रहे थे। गोविन्दलाल को वह भीड़ भली न जान पड़ी। वारुणी-घाट से जिधर नन्दन कानन के समान पुष्पोद्यान था, गोविन्दलाल वहाँ गए। पहले ही उन्होंने देखा रेलिंग टूट गयी थी लौह सुंदर द्वार की जगह बाँस का टट्टर लगा हुआ था। भ्रमर ने गोविन्दलाल की सारी सम्पत्ति की बड़े यत्न से रक्षा की थी,

लेकिन उसने इस उद्यान की तरफ बिलकुल ध्यान नहीं दिया था। यामिनी ने इस उद्यान की बात कही थी, जिस पर भ्रमर ने कहा था—“मैं तो यम के घर चली। मेरा यह नन्दन-कानन ध्वंस हो जाए दीदी! पृथ्वी मेरे लिए जो स्वर्ग था, उसे किसके लिए छेड़ जाऊँ?”

गोविन्दलाल ने देखा कि फाटक नहीं है, रेलिंग टूट गयी है। प्रवेश कर के देखा, फूल के पौधे नहीं है। केवल मदार, कच्चू और पेंटू की झाड़ियों से बगीचा भरा हुआ है, लता-मण्डप, सूख-टूटकर गिर पड़े है। पत्थर की आदमकद मूर्तियाँ भी दो-तीन टुकड़ों में टूटकर जमीन पर गिरी हुई पड़ी हैं, उन पर लताओं का झंखाड़ जमा हुआ है। कुछ टूटी हुई और कुछ खड़ी हैं। प्रमोद-भवन की छत गिर पड़ी है। कमरे में लगे संगमरमर-पत्थर कोई उखाड़ ले गया है। उस बाग में न तो अब फूल खिलते हैं, न फल लगते हैं; शायद वह मृदुल वायु भी अब नहीं बहती।

एक टूटी हुई मूर्ति के पैरों के पास गोविन्दलाल बैठ गए। क्रमशः दोपहर हो गयी, लेकिन गोविन्दलाल वहीं बैठे रहे। प्रचण्ड धूप के कारण उनका माथा लाल हो गया, लेकिन गोविन्दलाल ने इसका कुछ भी अनुभव नहीं किया। उनके प्राण छटपटा रहे थे। रोहिणी सोचते-सोचते मानो वे आँखों से भ्रमर को देखने लगे, फिर रोहिणी को भी देखने लगे जगत् भ्रमर-रोहिणीमय हो उठा। उस उद्यान में बैठकर वे हर वृक्ष में भ्रमर का अनुमान करने लगे। अब नहीं है वह रोहिणी खड़ी है, अब गायब! आसपास की आवाजों को भ्रमर और रोहिणी की आवाज समझने लगे। घाट पर स्नान करने वाले लोगों की बातों को; गोविन्दलाल भ्रमर और रोहिणी बोल रहीं है समझने लगे। कभी दोनों एक साथ आपस में बातें करती है। सूखे पत्ते खड़के मालूम हुआ कि भ्रमर आ रही है। बाग में जंगली कीड़े दौड़ते हैं जान पड़ता है, रोहिणी भाग रही है। हवा से शाखाएँ हिलती है मानो भ्रमर श्वास ले रही है। कोयल की आवाज रोहिणी के गायन की आवाज जान पड़ने लगी। जगत् भ्रमर-रोहिणीमय हो गया।

समय दो-तीन बजे का हो गया, गोविन्दलाल वहीं बैठे हुए भ्रमर-रोहिणीमय जगत् में निमग्न रहे। तीसरा प्रहर हुआ, अनाहारी गोविन्दलाल वैसे ही बैठे भ्रमर रोहिणीमय जगत् में विचर रहे थे। संध्या हुई, लेकिन वही हाल गोविन्दलाल न उठे, न उन्हें चैतन्य हुआ। उनके घर के अन्य लोगों ने सोचा गोविन्दलाल कलकत्ता चले गये। इसलिए और भी खोज खबर न ली गयी। बाग में अँधेरा हो गया। आकाश में तारे छा गए, पृथ्वी निस्तब्ध हो गयी। गोविन्दलाल वहीं बैठे रहे।

एकाएक उस अन्धकार में, अकेले सन्नाटे में गोविन्दलाल के उन्मादग्रस्त चित्त में विकार पैदा हुआ। उन्होंने स्पष्ट रूप में रोहिणी की आवाज सुनी रोहिणी ऊँचे स्वर में मानो कह रही थी—“यहाँ आओ।”

गोविन्दलाल को अब याद न रहा कि रोहिणी मर चुकी है। उन्होंने पूछा—"यहाँ क्या?"

फिर सुना, रोहिणी बोली—"ऐसे ही समय में!"

गोविन्दलाल ने पूछा—"यहाँ, ऐसे ही समय में क्या रोहिणी?"

मानसिक-व्याधिग्रस्त गोविन्दलाल ने सुना, फिर रोहिणी ने कहा—"यहीं, इसी समय में, इसी जल में मैं डूबी थी!"

गोविन्दलाल ने अपनी ही मानसिक-व्याधिग्रस्त आवाज सुनकर पूछा—"मैं भी डूबू?"

उन्होंने फिर व्याधिजनित उत्तर सुना—"हाँ, आओ! स्वर्ग में बैठी भ्रमर ने तुमको बुलाया है। वह अपने पुण्यबल से हम लोगों का उद्धार करेगी। प्रायश्चित करो; मरो।"

गोविन्दलाल ने आँखे बन्द कर लीं। उनका शरीर अब सून्न हो गया और वह बेहोश होकर गिर पड़े।

उन्होंने अपनी बेहोशी आँखों से देखा—सहसा रोहिणी की मूर्ति अन्धकार में गायब हो रही है। तब दिग्-दिगन्त को प्रतिभासित करती हुई ज्योतिर्मयी भ्रमर की मूर्ति उदित होती है।

भ्रमर-मूर्ति ने कहा—"क्यों मरोगे? मरना नहीं! मुझे खोया है, इसलिये मरोगे? मेरी अपेक्षा भी कोई प्रिय है बचे रहने से उसे पाओगे।"

उस रात गोविन्दलाल मूर्छित अवस्था में वहीं पड़े रहे। सबेरे पता पाने पर उनके नौकर आदि उन्हें उठाकर घर में ले गए। उनकी दुरवस्था देखकर माधवीनाथ को भी रहम आ गया। सब लोगों ने मिलकर उनकी उपचार करायी। सभी लोग प्रत्याशा करने लगे थे कि अब वे घर में रहेंगे। किन्तु गोविन्दलाल ने यह न किया। एक रात वे किसी से बिना कुछ बोले चले गए। किसी ने फिर उनकी कोई खबर न पायी।

सात वर्षों के बाद उनका श्राद्ध हो गया।

www.ingramcontent.com/pod-product-compliance
Lightning Source LLC
LaVergne TN
LVHW060409051026
849518LV00007B/2497